Illustrations :

Géraldine Cosneau : couverture, pages d'entrées de partie, p. 96
Regarde le monde d'en haut ! pp. 4-11

Mélanie Allag : L'Europe, pp. 12-27

Amandine Laprun : L'Asie, pp. 28-47

Amélie Dufour : L'Amérique, pp. 48-67

Mylène Rigaudie : L'Afrique, pp. 68-85

Didier Balicevic : L'Océanie, pp. 86-95

Un grand merci à **Catherine Schmittbiel,**
professeur d'histoire-géographie, pour sa relecture.

Crédits photographiques :

p.12 *hg* : Jenny Horne / SHUTTERSTOCK ; *hd* : Brent Wong / SHUTTERSTOCK ; *bg* : Steven Lee / SHUTTERSTOCK ; *bd* : DCD / SHUTTERSTOCK ; **p.28** *hg* : Chai Kian Shin / SHUTTERSTOCK ; *hd* : parkisland / SHUTTERSTOCK ; *bg* : Ayazad / SHUTTERSTOCK ; *bd* : Holger Mette /SHUTTERSTOCK ; **p. 48** *hg* : Peter Dankov /SHUTTERSTOCK ; *hd* : Mike Norton / SHUTTERSTOCK ; *bg* : Gary Yim / SHUTTERSTOCK ; *bd* : Amy Nichole Harris / SHUTTERSTOCK ; **p. 68** *hg* Birute Vijeikiene / SHUTTERSTOCK ; *hd* : Alessio Ponti / SHUTTERSTOCK ; *bg* : Michaeljung / SHUTTERSTOCK ; *bd* : Jean Claude Braun / FOTOLIA ; **p. 86** *hg* Merryl McNaughton / SHUTTERSTOCK ; *hd* : Tap10 / SHUTTERSTOCK ; *bg* : Elisei Shafer/ SHUTTERSTOCK ; *bd* : Clearviewstock / FOTOLIA.

Conception graphique : Pauline Martin et Marielle Durand

Secrétariat d'édition : Maud Rollot

Loi n°49-956 du 16 juillet 1949 sur les publications destinées à la jeunesse, modifiée par la loi n°2011-525 du 17 mai 2011.

ISBN : 978-2-09-256661-9

N° d'éditeur : 10221877

Dépôt légal : octobre 2009

Achevé d'imprimer en mai 2016 par Tien Wah Press, Johor Bahru, Malaisie.

Texte :
Françoise de Guibert

DOKÉO
je découvre le monde

Pars avec nous en voyage autour du monde !

Amuse-toi avec les devinettes et les jeux !

Viens découvrir plus de 30 pays et 6 cartes à déplier !

Nathan

Sommaire

L'Amérique 48-49

L'Afrique 68-69

L'Océanie 86-87

De retour à la maison 96

Regarde le monde d'en haut !

Félix et Lilas aiment les histoires du monde entier qui donnent envie de voyager. Aujourd'hui, c'est un grand jour : Félix et Lilas partent en montgolfière faire le tour de la Terre !

L'Amérique 48-49

L'Afrique 68-69

L'Océanie 86-87

De retour à la maison 96

Regarde le monde d'en haut !

Félix et Lilas aiment les histoires du monde entier qui donnent envie de voyager. Aujourd'hui, c'est un grand jour : Félix et Lilas partent en montgolfière faire le tour de la Terre !

Voilà, nous sommes prêts… J'espère que nous n'avons rien oublié !

J'ai hâte de découvrir d'autres pays et de rencontrer de nouveaux copains !

Tu pars en voyage avec nous ? Notre montgolfière est prête à décoller !

Soulève le rabat
pour découvrir
le monde vu d'en haut !

À la loupe !

Catastrophe ! Lilas et Félix ont oublié plein de choses ! Vite, retrouve dans leur chambre les affaires qui leur manquent pour faire le tour du monde.

La boussole — L'écharpe — Le maillot de bain — Le paquet de gâteaux — L'atlas Dokéo — Les jumelles

À la loupe !

Sur l'image de l'appartement vu d'en haut, retrouve la chambre des enfants. Puis montre le chat sur le canapé du salon, les fruits sur la table de la cuisine et les toilettes.

À toi de jouer !

Dans la chambre des enfants, vois-tu les lits, le tapis, le nounours, le petit train et le bocal du poisson rouge ? Montre-les sur l'image vue d'en bas, puis sur celle vue d'en haut.

La ville vue du ciel

La montgolfière de Félix et Lilas s'élève maintenant au-dessus de la ville. Ils reconnaissent leur quartier avec l'école, la boulangerie, l'aire de jeux...

Lilas a dessiné un grand soleil devant leur immeuble.

À toi de jouer !

Suis avec ton doigt le trajet que font Félix et Lilas pour aller à l'école. Traverse bien sur les passages piétons. Puis montre le trajet du bus bleu jusqu'à l'arrêt devant le supermarché.

De plus en plus haut !

Plus Félix et Lilas s'élèvent, plus leur ville devient petite et plus ils voient de choses autour.

Voici la ville vue d'en haut. Oh, l'école est minuscule !

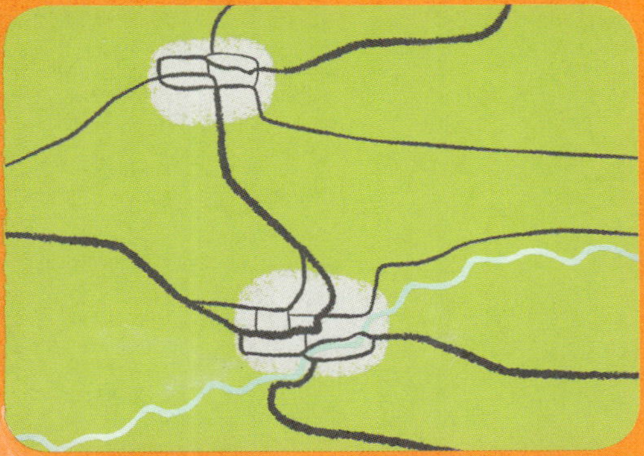

Maintenant, ils aperçoivent une deuxième ville et la route pour y aller.

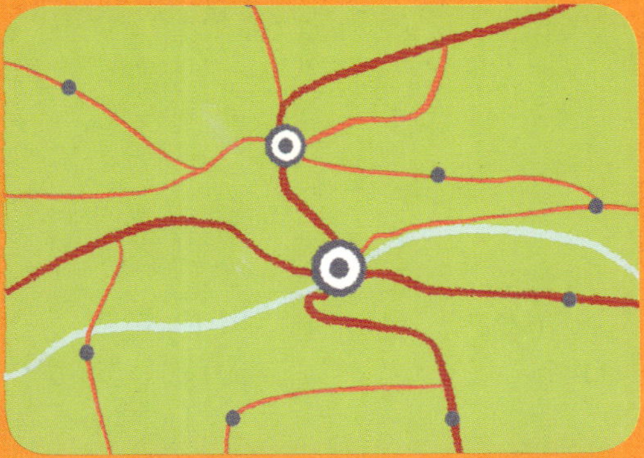

En prenant leur carte, Félix et Lilas retrouvent leur ville, les villes et les villages autour, et les routes qui les relient.

La Terre vue de l'espace

Quand on la regarde depuis l'espace, la Terre est une boule toute ronde.

Comme elle est ronde, on ne peut pas voir toute la Terre en même temps.

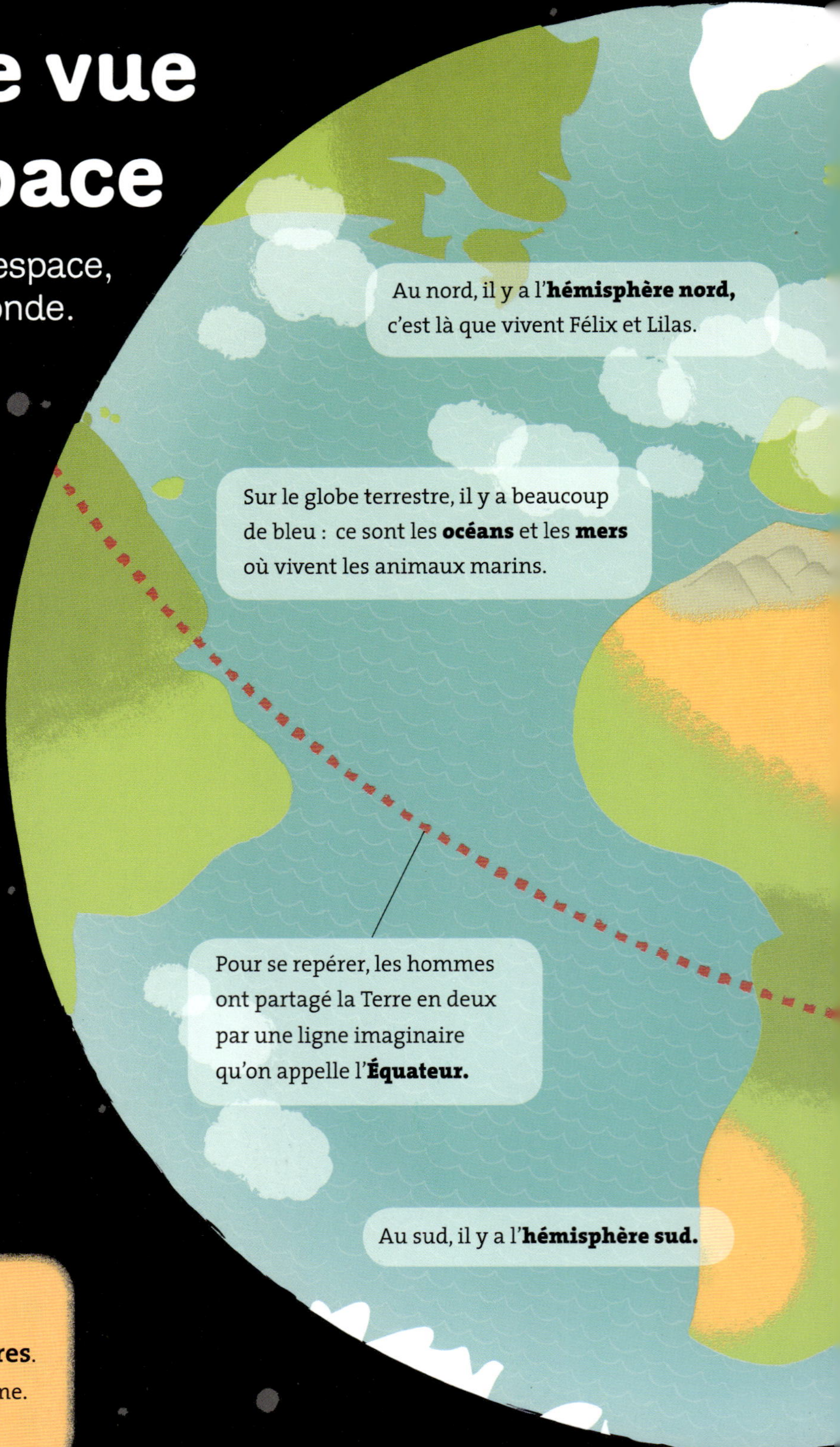

Des chiffres

La Terre est apparue il y a **4 milliards et 500 millions d'années**.

La longueur de l'Équateur est de **40 000 kilomètres**.

La Terre met **24 heures** à faire un tour sur elle-même.

La Terre met **une année** à faire le tour du Soleil.

Les vastes étendues de terre sont les **continents** où vivent les hommes et les animaux terrestres.

Question d'enfant

Est-ce que les continents flottent sur l'eau ?

Non, notre planète est faite de roches. La croûte terrestre est une grosse couche de roches dures. Les bosses forment les continents ; les creux contiennent l'eau des océans. En profondeur, les roches sont molles.

La Terre tourne

1

La Terre tourne sur elle-même comme une toupie. Dans la partie tournée vers le Soleil, il fait jour. De l'autre côté de la Terre, il fait nuit.

2

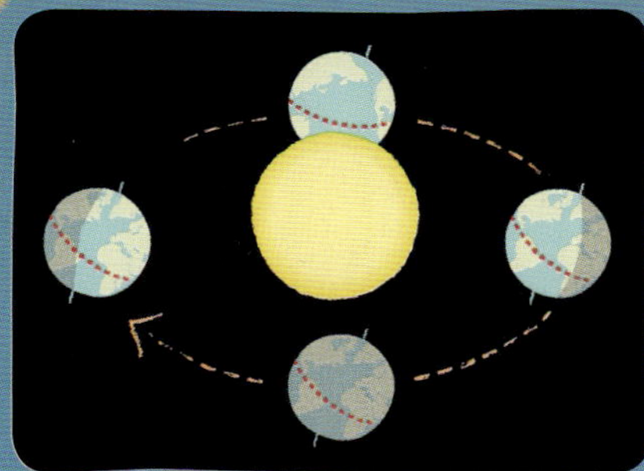

La Terre tourne aussi autour du Soleil. Comme elle est un peu penchée, elle ne reçoit pas autant de lumière et de chaleur partout.

3

Quand c'est l'été au nord, c'est l'hiver au sud ! L'été, les journées sont plus longues et chaudes. L'hiver, elles sont plus courtes et froides.

4

L'Équateur reçoit les rayons du soleil toute l'année, il y fait toujours chaud. Les pôles sont les points qui reçoivent le moins de chaleur. Il y fait toujours froid.

La carte du monde

Sur ce planisphère, la Terre est représentée comme si elle était plate. Ainsi, on peut voir tous les océans et les continents.

LES HOMMES SUR LA TERRE

6 milliards d'êtres humains vivent sur la Terre. Ils se ressemblent mais, en même temps, ils sont tous différents. Chaque pays a sa culture, c'est-à-dire sa manière de vivre, sa langue, ses fêtes, sa cuisine, ses croyances...

Aujourd'hui, la moitié des habitants de notre planète habitent dans des villes, l'autre moitié dans les campagnes. Beaucoup de gens vivent avec très peu d'argent et n'ont pas l'eau, ni l'électricité chez eux.

Les humains ont divisé chaque continent en plusieurs morceaux, comme un puzzle géant : ce sont les **pays.**

La limite entre deux pays s'appelle une **frontière.** Sur les cartes, on la représente le plus souvent en traits pointillés.

Et toi ?

As-tu déjà voyagé dans un autre pays ?

Peux-tu le situer sur ce planisphère ?

Tous les pays ont un **drapeau** différent.

Il n'y a pas de pays sur le continent Antarctique ! C'est la région la plus froide de la planète et aucun homme n'y vit en permanence. Seul le manchot empereur et quelques mammifères marins survivent dans ce désert de glace.

À la loupe !

Montre les drapeaux sur le planisphère. Ce sont les pays que vont visiter Félix et Lilas !

L'Europe

L'Europe est le plus petit continent de la Terre. Ses villes, parfois très anciennes, racontent l'histoire de ses habitants.

Big Ben, c'est le surnom d'une cloche de 13 tonnes installée dans une tour de Londres, au Royaume-Uni.

Le **Parthénon** est un temple grec très ancien. Il se trouve sur une colline de la ville d'Athènes en Grèce.

En Italie, la ville de **Venise** est construite sur l'eau et les touristes s'y promènent en gondole.

La **Tour Eiffel** à Paris est une grande tour de 320 mètres de haut.

À la loupe !

Retrouve ces endroits sur la carte du continent.

- Joe au Royaume-Uni
- Manon en France
- Ines en Espagne
- Jorge au Portugal
- Des dauphins en Méditerranée
- Siegrid en Norvège
- Lorenz en Allemagne
- La statue d'un roi à Budapest

Soulève le rabat pour découvrir la carte de l'Europe !

À toi de jouer !

Tu peux retrouver les copains de Félix et Lilas sur la carte du continent et dans les pages qui suivent.

La **Russie** est un pays qui s'étend sur deux continents : l'Europe et l'Asie.

À toi de jouer !

Les « bonjour » se sont emmêlés : retrouve qui dit quoi.

Joe l'Anglais

Manon la Française

Ines l'Espagnole

Jorge le Portugais

Records d'Europe

Le mont Blanc, en France, est le plus haut sommet d'Europe. Il mesure 4 807 mètres de haut.

L'endroit le plus chaud d'Europe se trouve dans le sud de l'Espagne. La température peut atteindre 50°C.

La température la plus basse a été relevée en Finlande : -51°C.

Le sais-tu ?

27 pays d'Europe se sont réunis dans l'**Union européenne.** Ces pays se sont alliés et travaillent ensemble, pour mieux protéger notre planète, par exemple. 16 de ces pays utilisent la même monnaie : l'**euro.**

Le drapeau de l'Union européenne

OCÉAN GLACIAL ARCTIQUE
Les **fjords** de Norvège sont découpés dans la montagne et remplis d'eau de mer.
Siegrid
Oslo
Les Anglais et les Irlandais vivent sur de très grandes **îles.**
Mer du Nord
Joe
Londres
La **Manche** sépare le Royaume-Uni de la France.
Manche
Manon
Paris
Lorenz
Munich
Budapest
Les **Alpes** sont une grande chaîne de montagnes.
OCÉAN ATLANTIQUE
Mont Blanc
Le **Danube** est un fleuve qui naît en Allemagne et traverse plusieurs pays.
Jorge
Les **Pyrénées** séparent la France de l'Espagne.
Ines
Lisbonne
Séville
Mer Méditerranée
Athènes

Le Royaume-Uni

Londres est la capitale du Royaume-Uni. C'est une très grande ville aux rues animées où toutes sortes de gens se croisent.

Joe vit dans la banlieue de Londres. Ce week-end, pour l'anniversaire de sa grande sœur Sally, toute la famille va visiter Londres.

À Londres, Joe et sa famille prennent le bus. Ils montent à l'étage pour regarder de tous les côtés : il y a tellement de gens amusants dans la rue !

Sally veut voir Buckingham Palace, le château où vit la reine d'Angleterre. Ils arrivent juste à temps pour la relève de la garde royale.

Ensuite, visite au musée de Sherlock Holmes, le célèbre détective. Joe a le droit d'acheter une loupe pour jouer à faire des enquêtes policières.

Pour terminer l'après-midi, ils se promènent à Hyde Park. Oh ! un petit écureuil traverse la pelouse juste sous leur nez !

En revenant chez eux, ils s'arrêtent dans un « fish and chips » pour acheter du poisson pané et des frites arrosées de vinaigre, à emporter.

La France

La France est un joli pays avec des paysages très variés : des villes, des campagnes cultivées, la mer, la montagne, la forêt...

Beaucoup de touristes viennent visiter Paris, la **capitale** de la France. La **Tour Eiffel** est le monument le plus célèbre.

Le long de la **Loire,** on trouve de magnifiques châteaux.

Le **TGV** est un train très rapide qui relie plusieurs grandes villes de France.

En France, il y a des **grottes** avec des peintures faites par des hommes préhistoriques.

Les **Pyrénées** sont des montagnes qui séparent la France d'un autre pays, l'Espagne.

Et toi ?

Peux-tu montrer où tu habites sur cette carte ?

À la loupe !

Retrouve sur cette carte Maëlle, Lola, Lino, Manon, Étienne et Steven, dont on parle page 17.

Maëlle vit en Bretagne. Son père est marin-pêcheur. Il rapporte de la pêche des poissons tous frais, comme le bar ou le rouget, qu'il vend sur le marché.

Lola vit en Corse où ses parents tiennent un hôtel. Pendant l'été, elle rencontre plein d'enfants venus avec leur famille pour profiter du soleil.

Lino habite à Chambéry, dans les Alpes. L'hiver, la neige recouvre tout. À l'école, Lino apprend à faire du ski. L'été, il fait de l'escalade avec son père.

Manon vit à Paris, la plus grande ville de France. Ses parents sont séparés. Quand elle dort chez son père, il l'emmène à l'école en métro.

Étienne habite près de Bordeaux. Ses parents cultivent des vignes et ils font du vin. Le mercredi, Étienne adore se promnener en tracteur avec sa mère.

Steven est un « enfant du voyage ». Sa famille vit dans une caravane aménagée. Chaque fois que ses parents changent de campement, Steven doit changer d'école !

L'Espagne

Ines vit à Séville, au sud de l'Espagne.

* Bonjour en espagnol

Je parle l'espagnol (on dit aussi le **castillan),** mais il y a d'autres langues en Espagne comme le **catalan** qu'on parle à Barcelone.

Ma ville est très ancienne, avec de belles églises.

Un grand fleuve traverse Séville, le **Guadalquivir.** Le long de l'eau, il y a des palmiers et de grandes maisons rouges, jaunes ou orange !

Le **flamenco** est à la fois une musique et une danse d'ici. Pour le danser, j'ai une belle robe et des chaussures à talons avec des clous qui font du bruit.

1

Le matin, je suis réveillée par les bruits du marché. En effet, l'été, je dors la fenêtre ouverte.

2

Il fait tellement chaud que des draps sont tendus à travers les rues pour se protéger du soleil.

3

L'après-midi, la ville est silencieuse. Chacun rentre chez soi faire la sieste à cause de la chaleur.

4

Quand la nuit tombe, il fait plus frais. C'est l'heure du paseo, la promenade en famille le long du fleuve.

Le Portugal

Jorge vit à Lisbonne, la capitale du Portugal.

Chez moi, on parle le portugais.

* Bonjour en portugais

Tout le long du Portugal, il y a l'**océan Atlantique**. Mes deux grands-pères étaient pêcheurs de sardines.

Ici, on mange beaucoup de **morue**. C'est un poisson qu'on fait sécher dans du sel. Il y a de nombreuses façons de le cuisiner !

1

J'habite sur les hauteurs de Lisbonne. Ça grimpe raide ! Heureusement, il y a le tramway !

2

En ce moment, on prépare le défilé pour la grande fête de la Saint-Antoine, qui aura lieu le 13 juin.

3

Mon parrain m'a emmené voir l'aquarium du Parc des Nations, dans un quartier tout neuf et très moderne !

À toi de jouer !

Il y a très longtemps, le navigateur Vasco de Gama est parti du Portugal pour rejoindre l'Inde en passant au sud de l'Afrique.
Sur la carte du monde pages 10-11, retrace avec ton doigt son voyage dans les océans !

Sur la mer Méditerranée

Entre l'Europe et l'Afrique, la mer Méditerranée est presque fermée. En Europe, elle longe des pays comme l'Espagne, la France, l'Italie ou la Grèce.

De gros bateaux transportent les **touristes** sur les îles pour la journée.

Avec son eau tiède et son climat chaud et ensoleillé, la Méditerranée attire de nombreux vacanciers.

Un **pêcheur** pêche la sardine dans ses filets.

Les petites plages de sable abritées, entourées de rochers, s'appellent des **criques.**

La mer Méditerranée est une mer très salée qui n'a presque pas de marées.

À toi de jouer !

Combien comptes-tu de dauphins dans cette image ?

Les **dauphins** jouent dans le sillage des bateaux.

L'eau est bleue et transparente. On peut faire de la **plongée sous-marine.**

ATTENTION À LA POLLUTION !

La mer Méditerranée est polluée par les déchets des villes et par les bateaux qui transportent du pétrole. Depuis plusieurs années, une algue verte envahit les eaux et empêche les autres algues de pousser. On n'arrive pas à l'arrêter…

La Norvège

Siegrid vit en Norvège, un pays tout au nord de l'Europe, pas très loin du Pôle Nord.

J'habite au 4e étage d'un immeuble à **Oslo,** la capitale de la Norvège. Notre appartement est très confortable et joliment décoré. J'ai une grande sœur, Solveig, avec qui je partage ma chambre.

Avec Solveig, on va dans la même école. Comme il n'y a pas de cantine, maman nous prépare un **matpakke,** des tranches de pain avec de la viande, du fromage et du concombre.

* Bonjour en norvégien

Dans mon pays, on adore être dehors !
Mon père est photographe de paysages. Il prend beaucoup de photos des **fjords** norvégiens, quand la mer s'avance dans la montagne.

Ma famille a un **chalet** en bois à la montagne. On y va souvent le week-end et pendant les vacances. Moi, j'aimerais y passer toute l'année !

Pendant l'hiver, il fait très froid et les nuits sont longues.
Mais tout est prévu pour qu'on puisse être dehors. Même les pistes de ski sont éclairées !

Ma fête préférée

C'est le 23 juin. Le soleil brille toute la nuit et on fête **Sankthans,** la Saint-Jean. On ramasse du bois mort pour faire un feu. Tous les amis s'installent autour et chantent.

Le sais-tu ?

En Norvège, l'été, le soleil brille même pendant la nuit.
En hiver, au contraire, il fait nuit même pendant la journée !

L'Allemagne

En décembre, sur la place de la ville, il y a un grand marché de Noël. Quand la nuit tombe, on se croirait dans un conte de fées.

Et toi ?

Prépares-tu Noël comme Lorenz ?

Le vendeur propose des boules à accrocher dans l'arbre de Noël.

On trouve toutes sortes de **saucisses** chaudes à manger dans la rue.

Pour se réchauffer, on boit du **vin chaud** ou de la **tisane** aux épices.

À toi de jouer !

Retrouve Lorenz sur le marché de Noël : il admire un stand de bougies.

Lorenz vit à Munich, une très grande ville dans le sud de l'Allemagne. C'est le mois de décembre et, là-bas, c'est un mois magique pour les enfants !

À la maison, Lorenz fabrique une couronne de Noël. Il fixe quatre bougies, à allumer les quatre dimanches avant Noël.

Le 6 décembre, les enfants du quartier attendent saint Nicolas et le père Fouettard. Lorenz, lui, a été sage et saint Nicolas lui offre un cadeau !

À l'école, le maître a installé un calendrier de l'Avent. Aujourd'hui, c'est Lorenz qui est tiré au sort pour ouvrir une case. Il trouve un chocolat et... le mange !

Le dimanche, Lorenz et sa maman vont sur le marché de Noël pour choisir des décorations. Lorenz rencontre son ami Philipp et ses parents.

Le jour de Noël, Lorenz retrouve ses cousins chez ses grands-parents. En fin d'après-midi, les enfants découvrent les cadeaux que le Christkind a apportés.

Dans la ville ancienne

Budapest est la capitale de la Hongrie. C'est une très belle ville historique, construite le long d'un grand fleuve : le Danube.

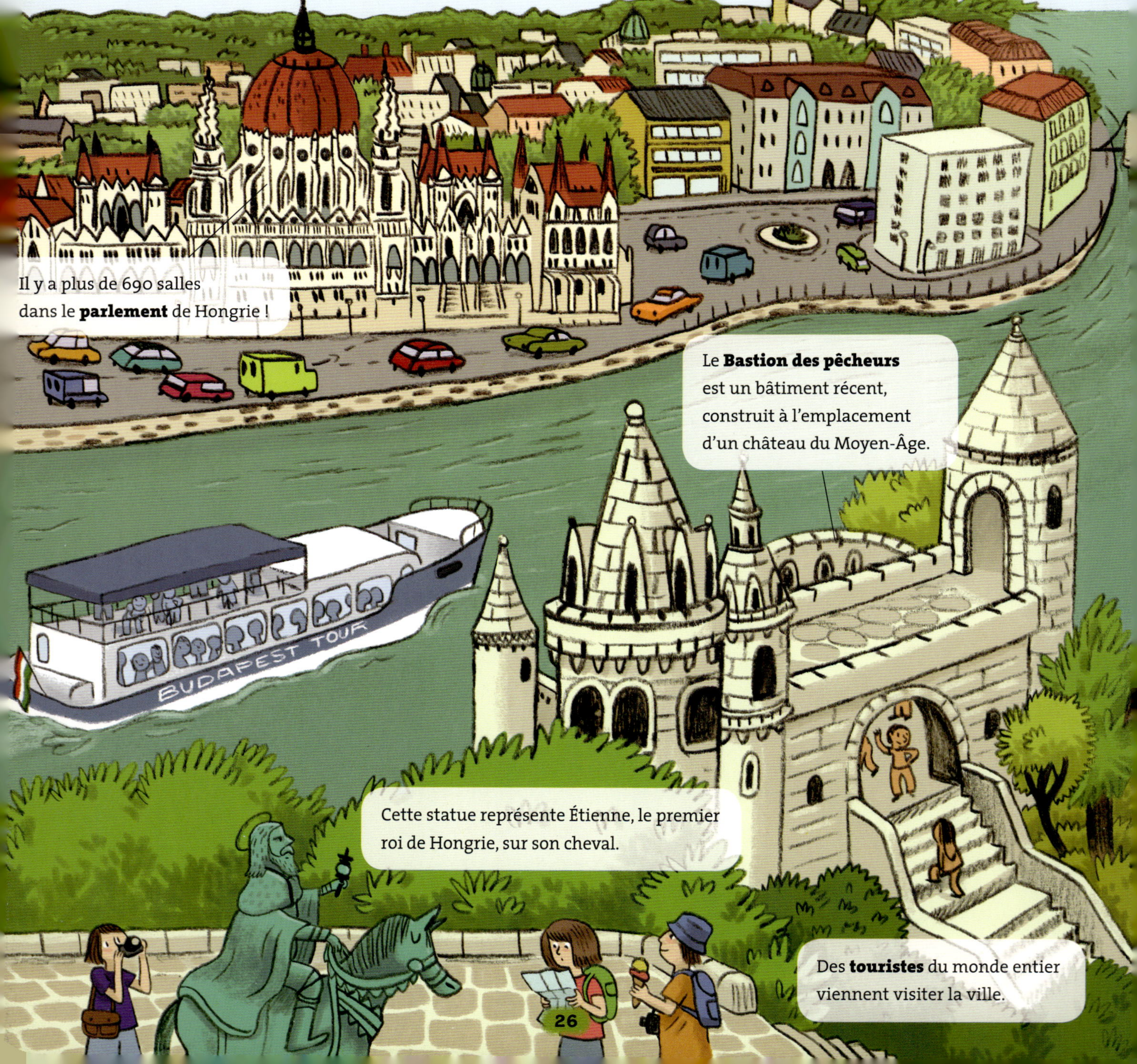

Il y a plus de 690 salles dans le **parlement** de Hongrie !

Le **Bastion des pêcheurs** est un bâtiment récent, construit à l'emplacement d'un château du Moyen-Âge.

Cette statue représente Étienne, le premier roi de Hongrie, sur son cheval.

Des **touristes** du monde entier viennent visiter la ville.

Au XIXe siècle, les villes de Buda et de Pest ont été réunies en une seule ville qu'on a appelée Budapest.

À toi de jouer !

Retrouve Budapest sur la carte de l'Europe grâce à ce petit dessin :

On appelle parfois Budapest la **perle du Danube**.

Les rues sont parfois trop étroites pour laisser passer des voitures, mais on s'y promène à pied.

Les touristes achètent des **souvenirs** dans une boutique.

QUELLE HISTOIRE !

Les grandes villes d'Europe sont souvent très anciennes. En s'y promenant, on peut retrouver les traces du passé : des ruines datant des Romains, des maisons à colombages du Moyen-Âge, un château de la Renaissance…

L'Asie

L'Asie est le plus grand continent de la Terre et le plus peuplé. On y trouve beaucoup de cultures et de religions différentes.

Les **temples** japonais sont construits en bois. Celui-ci est tout couvert d'or !

La **Grande Muraille** est un rempart qui servait à protéger la Chine des invasions.

Une fois dans leur vie, les musulmans doivent se rendre en pèlerinage dans la ville de **La Mecque.**

Le **Taj Mahal,** en Inde, est un magnifique tombeau de marbre blanc.

À la loupe !

Retrouve ces monuments sur la carte du continent.

- Aïda en Russie
- Hayat en Iran
- Pari en Inde
- Wang en Chine
- Un panda en Chine
- Un yak dans l'Himalaya
- Hayo au Japon
- Madé en Indonésie
- Une oie dans une rizière

Soulève le rabat
pour découvrir la carte
de l'Asie !

À toi de jouer !

Tu peux retrouver les copains de Félix et Lilas sur la carte du continent et dans les pages qui suivent.

À toi de jouer !

Retrouve à qui appartient chaque vêtement.

Aïda en Russie

Hayat en Iran

Mimiko au Japon

Pari en Inde

Le caftan

Le kimono

Le sari

La chapka

Records d'Asie

Le mont Everest, dans l'Himalaya, est le plus haut sommet du monde à 8 846 mètres.

Le fleuve le plus long d'Asie est le Yangzi Jiang, il mesure presque 6000 kilomètres de long.

Tokyo et sa banlieue forment une ville géante de 30 millions d'habitants.

Le sais-tu ?

En Asie, on n'utilise pas la même écriture partout ! | صباح الخير.

- L'écriture arabe se lit de droite à gauche.
- En russe, on écrit avec l'alphabet cyrillique. | Доброе утро.
- L'écriture chinoise utilise des caractères comme des petits dessins. | 你好

Aïda
En Mongolie, les familles d'éleveurs habitent dans des **yourtes.**
Hayat
Mer Caspienne
Mer Noire
Désert de Gobi
Pékin
Téhéran
Pari
Mont Everest
Yangzi
Bénarès
Madé
OCÉAN INDIEN

La Russie

La Russie est le plus grand pays du monde :
il faut 9 jours pour le traverser d'est en ouest en train !
Ce pays s'étend sur deux continents : l'Asie et l'Europe.

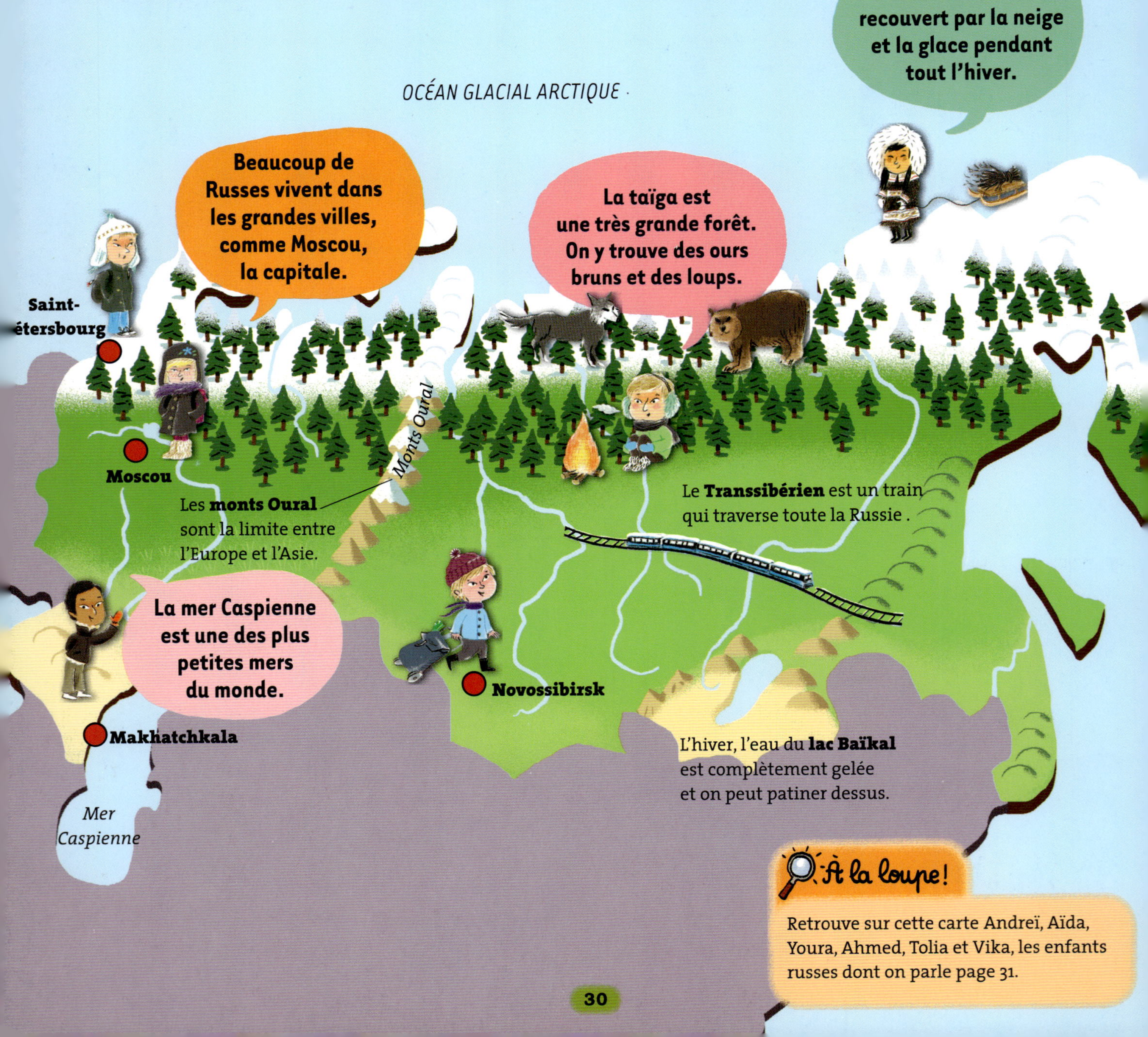

À la loupe !

Retrouve sur cette carte Andreï, Aïda, Youra, Ahmed, Tolia et Vika, les enfants russes dont on parle page 31.

Andreï habite à Saint-Pétersbourg. C'est l'ancienne ville des tsars, les empereurs russes. Le dimanche, ses parents aiment l'emmener au musée de l'Ermitage.

Aïda vit à Moscou. En hiver, il fait vraiment très froid, parfois -20°C ! Pour se protéger, Aïda porte sur la tête une chapka en fourrure qui protège bien ses oreilles.

Youra habite à Novossibirsk, une grande ville industrielle. Sa famille vit dans un petit appartement avec sa babouchka, sa grand-mère.

Ahmed a 7 ans et vit à Makhatchkala, près de la mer Caspienne. À l'école, il apprend le russe et l'alphabet cyrillique. Chez lui, il parle avar, la langue de sa région.

Tolia habite dans une isba, une maison en bois peint, dans la taïga. L'hiver, sa famille se serre dans la seule pièce chauffée par un gros poêle à bois.

Vika appartient au peuple évène qui élève des rennes dans le Grand Nord. Tout les ans, un hélicoptère emmène les enfants en ville pour l'année scolaire.

L'Iran

Hayat habite à Téhéran, la capitale de l'Iran.
Il y a très longtemps, son pays s'appelait la Perse.

Comme la moitié des Iraniens, je parle le **persan,** qu'on appelle farsi. Mais certains Iraniens parlent l'azéri, le kurde, l'afghan et plein d'autres langues encore !

Je vais à l'école des filles et mon frère Akbar à celle des garçons. On apprend à lire, à écrire mais aussi l'histoire de notre pays et la religion musulmane.

* Bonjour en persan

En Iran, les filles doivent porter un foulard quand elles sortent de chez elles. Ma maman, elle, met un **tchador,** un grand voile noir qui couvre tout son corps.

Mon plat préféré

J'adore les **koubideh,** les brochettes de viande d'agneau. Akbar préfère les **djoudjeh kabâb,** les brochettes de poulet au safran.

Le sais-tu ?

L'épinard, la pêche et la pistache viennent d'Iran.

La ville de Téhéran est située à plus de 1 000 mètres d'altitude au pied de l'**Elbourz.**
Le vendredi, mon papa ne travaille pas et on va se promener en famille dans la montagne.

À Téhéran, il y a de belles **mosquées.**
Les musulmans y vont pour la prière du vendredi. Ils doivent enlever leurs chaussures avant d'entrer.

Les Iraniens aiment la politesse.
Dans les magasins, il faut toujours discuter longtemps avec le marchand avant de payer.

Mon papa conduit un taxi.
Il prend des passagers jusqu'à ce que sa voiture soit pleine. Il se plaint souvent des embouteillages.

L'Inde

En Inde, il y a plus d'un milliard d'habitants. Dans les villes comme Bénarès, les rues sont pleines de monde. Il n'y a pas beaucoup de voitures, les gens circulent à pied ou à moto.

e **sari** est le vêtement traditionnel our les femmes. C'est une longue bande e tissu qu'elles enroulent autour d'elles.

Quelle belle affiche ! Les Indiens aiment beaucoup les films d'amour avec des chants et des danses.

Pour se déplacer dans la ville, on peut prendre le **rickshaw,** une petite remorque tirée par un homme à vélo ou à mobylette.

Les vaches sont sacrées. Elles se promènent où elles veulent et se couchent parfois au milieu de la rue !

À toi de jouer !

Retrouve Pari dans la rue.

Un marchand vend des **chapatis,** des petites galettes faites avec de la farine, de la levure et de l'eau.

Pari a 6 ans. Elle vit à Bénarès. Sa famille est très pauvre et habite dans une maison de tôle, où il n'y a pas l'eau courante.

Pari et son frère Avinash se lèvent tôt. Pas besoin de se changer, ils dorment tout habillés. Leur mère réchauffe du riz pour le petit déjeuner.

Avinash s'occupe d'un troupeau de buffles. Il les emmène se laver dans l'eau du fleuve. C'est un travail difficile car les buffles sont forts.

Pari ramasse les bouses des buffles et les met à sécher sur le mur. Les briques de bouse séchée seront ensuite vendues pour faire du feu.

Vite, Pari se dépêche d'enfiler son uniforme pour aller en classe ! Elle est contente d'apprendre à lire et écrire. Avinash, lui, n'a pas pu aller à l'école...

Après l'école, Pari accompagne sa mère sur le bord du Gange, le fleuve sacré. Il y a beaucoup de monde : des gens se lavent, d'autres prient.

La Chine

La Chine est le pays le plus peuplé du monde, avec 1,3 milliard de Chinois !

* Bonjour en chinois

Avant, tout le monde roulait à **vélo** dans la ville. Aujourd'hui, il y a beaucoup plus de voitures et des travaux partout pour agrandir les rues.

Je n'ai pas de frère ni de sœur car, en Chine, les parents ont des avantages s'ils n'ont qu'un seul enfant.

Je m'appelle Wang et je vis à Pékin, la capitale. C'est ici que se sont déroulés les **jeux Olympiques** en 2008 ! Connais-tu Jingjing, le panda ?

1

Ma classe s'appelle la classe de l'aigle. Je n'ai pas peur de répondre au maître et je lève haut la main.

2

Tous les matins, on réunit les enfants dans la cour pour la gymnastique. C'est bon pour la santé !

3

On apprend à tracer les signes de l'écriture chinoise avec un pinceau : c'est difficile et il y en a beaucoup !

4

Chaque année, avec ma classe, on visite la Cité interdite où vivait l'Empereur de Chine.

Le sais-tu ?

On parle 6000 langues différentes sur la Terre. Le chinois est la langue la plus parlée.

Je m'apelle Yu Jie.
J'habite avec ma grand-mère dans un petit village, pendant que mes parents travaillent en ville pour gagner de l'argent.

* Bonjour en chinois

Dans ma région, il y peu d'habitants ! Ici, on vit comme autrefois, sans tracteur ni machine pour cultiver les champs.

Chaque année, on célèbre le **Nouvel An** avec la danse du dragon. Le dragon apporte le bonheur et la santé.

1

Dans la maison de ma grand-mère, les murs sont en terre, recouverts de papier journal.

2

Je vais à l'école dans un autre village, je dois marcher longtemps avant d'y arriver.

3

Pour déjeuner, l'école nous donne des nouilles ou du riz qu'on mange avec nos baguettes.

4

Chez moi, il y a un petit autel pour les ancêtres. Le soir, j'y dépose un bol de riz en pensant à mes parents.

Le grand panda

Le grand panda vit dans les montagnes du centre de la Chine. Il fait partie de la famille des ours, mais c'est un ours très particulier !

Le grand panda est noir et blanc. Il a une drôle de tête toute ronde. Son nom chinois veut dire « ours-chat ».

Grâce à ses **oreilles** et son **ouïe** très fine, le grand panda entend le moindre bruit.

Des chiffres

Le grand panda vit **entre 2000 et 3000 mètres d'altitude.**

Il pèse **plus de 100 kilos.**

Il mesure **1,5 mètre.**

Son ancêtre vivait déjà en Chine il y a **2,5 millions d'années.**

Le grand panda ne mange que du **bambou.**
Ce n'est pas très nourrissant et il doit en manger jusqu'à 20 kilos par jour ! Alors, il passe 14 heures de sa journée à éplucher et mâchonner les jeunes pousses de bambou.

Sa **mâchoire** très puissante et ses 42 **dents** sont adaptées pour broyer les tiges de bambou.

Question d'enfant

Est-ce qu'il y a beaucoup de pandas en Chine ?

Il reste environ 1600 pandas en liberté en Chine. Malheureusement, les hommes détruisent les forêts de bambou pour faire des champs et des routes et les grands pandas n'ont plus assez à manger ! Pour essayer de les sauver, on crée des réserves reliées par des couloirs de bambous.

La naissance d'un bébé panda

1

Le grand panda vit en solitaire sur son territoire mais au printemps, pendant la saison des amours, le mâle et la femelle se retrouvent et font des petits.

2

À l'automne, la femelle donne naissance à un seul petit. Au début, il est minuscule : il ne pèse que 100 grammes ! Il est tout rose avec quelques poils blancs.

3

Le bébé panda pousse beaucoup de cris : sa mère le fait téter, le lèche, le réchauffe. Au bout de deux semaines, il devient noir et blanc et il ouvre les yeux.

4

Un mois plus tard, le petit panda a bien grossi. À 3 mois, il peut tenir sur ses pattes. À 6 mois, il commence à manger des pousses de bambou.

Dans les montagnes de l'Himalaya

L'Himalaya est une longue chaîne de montagnes où se trouvent les plus hauts sommets du monde. La vie est dure à cette altitude.

Les **moines bouddhistes** portent de longues robes. Ils vivent très simplement, dans des temples isolés dans la montagne.

Les **éleveurs de yaks** vivent dans des petits villages avec très peu de confort. Les yaks leur fournissent du lait, de la viande, et peuvent porter de lourdes charges.

Le **markhor** est une grosse chèvre aux cornes en torsades.

Les **stupas** sont des monuments construits par les moines en l'honneur de leur dieu, Bouddha.

L'**Everest** est le plus haut sommet du monde, à presque 9 000 mètres d'altitude.

Question d'enfant

C'est quoi, le yéti ?

En escaladant l'Himalaya, des explorateurs ont trouvé des traces de pas gigantesques dans la neige. Certains ont cru voir un homme immense et poilu. Ont-ils rêvé ? Au Tibet, des scientifiques ont analysé les poils du yéti, pensant avoir découvert une espèce de singe inconnue, mais c'étaient des poils de chèvre !

Les **kiangs** sont des ânes sauvages.

De plus en plus de **touristes** viennent dans l'Himalaya faire des randonnées.

Dans l'Himalaya, les écoles sont rares. Les enfants sont souvent obligés d'aider leurs parents aux travaux des champs.

RECORDS

Voici les plus hauts sommets du monde.
L'Everest : 8 846 mètres (Asie)
L'Aconcagua : 6 959 mètres (Amérique)
Le Kilimandjaro : 5 895 mètres (Afrique)
Le mont Blanc : 4 807 mètres (Europe)
Le mont Wilhelm : 4 694 mètres (Océanie)
Retrouve-les sur la carte de chaque continent grâce à ce signe : ▲

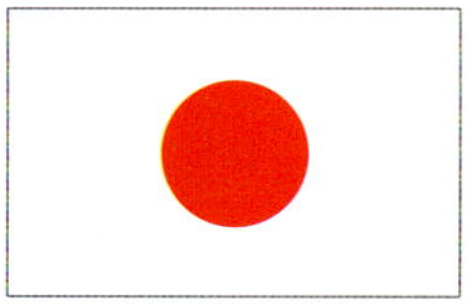

Le Japon

Hayo a cinq ans et il vit au Japon, à Tokyo. C'est la plus grande ville du monde ! Il habite dans une petite maison de la banlieue.

Dans ma chambre, il y a une grande peinture du **Fuji Yama** avec son sommet enneigé. C'est la plus haute montagne du Japon mais c'est aussi un volcan !

Ma fête préférée

C'est la fête des garçons, bien sûr ! Je range mes armes de samouraï sur un présentoir et je fais voler mon beau cerf-volant en forme de poisson.

* Bonjour en japonais

J'ai hâte de bien savoir déchiffrer l'écriture japonaise pour pouvoir lire des **mangas.** Je vole ceux de ma sœur, Mimiko, et j'adore les regarder à la télé.

Chez moi, les toilettes sont très confortables ! Le siège est chauffant et quand on a fini, des jets d'eau chaude nous nettoient les fesses !

Mon plat préféré

Ce sont les **sushis,** des tranches de poisson cru sur du riz qu'on trempe dans la sauce soja. Miam !

Mon arrière-grand-mère est très vieille. Pour la cérémonie du thé, elle met son beau **kimono.** Tout le monde s'assoit sur les talons et attend pendant qu'elle prépare lentement le thé.

Et toi ?

Beaucoup de dessins animés sont japonais : connais-tu les personnages Chihiro et Totoro ?

À l'école, j'apprends les signes de l'écriture japonaise. Parfois, on étale un grand rouleau de papier par terre pour écrire avec un pinceau.

L' Indonésie

L'Indonésie est constituée de milliers d'îles ! Sur quelques-unes, il y a des villes mais beaucoup de petites îles n'ont pas d'habitants du tout et sont recouvertes par la forêt.

Sur l'île de Java, on trouve plus de la moitié des Indonésiens. Et **Jakarta** est la capitale de toute l'Indonésie.

À la loupe !

Retrouve sur cette carte Didi, Indah, Madé, Wayan, Sayuti et Yaya dont on parle page 45.

Didi habite un immeuble moderne de Jakarta sur l'île de Java. Il va à l'école, mais le vendredi, jour de prière des musulmans, il se rend à la mosquée avec son père.

Indah vit dans la jungle sur une petite île sans école, ni électricité, ni voiture. Elle apprend à pêcher et à trouver des fruits et des racines pour manger.

Madé a 10 ans, elle vit sur l'île de Bali. Après l'école, elle prend des cours de danse avec ses amies. Elle danse le legong, une danse réservée aux jeunes filles.

Wayan est fils de pêcheur. Tous les soirs, il aide son père à décharger et vendre ses poissons dans le grand marché de Jakarta jusqu'à 2 heures du matin.

Sayuti habite à Medan, sur l'île de Sumatra.
Sa grand-mère vit dans un village traditionnel. Quand il va la voir, il dort dans une grande maison en bois.

Yaya vit à Yogyakarta à Java. Elle va à l'école, mais à la maison, sa mère lui apprend à faire du batik en déposant de la cire sur du tissu avant de le teindre.

Dans la rizière

Pour faire pousser le riz sur les pentes des collines, les agriculteurs d'Asie ont créé des terrasses horizontales. Le riz est la céréale la plus cultivée dans le monde.

Le **buffle d'eau** est un animal paisible, utilisé depuis très longtemps dans les rizières pour retourner la terre.

Dans les rizières, il faut un parapluie, un foulard ou un **chapeau conique** pour se protéger du soleil.

Le riz est une **céréale** dont on mange la graine.

À toi de jouer !

Une oie s'est perdue dans la rizière, peux-tu la retrouver ?

Après l'école, les enfants aident les femmes à repiquer les jeunes pousses de riz.

Avant d'être mis dans des sacs, les graines de riz doivent sécher.

Pour pousser, le riz a besoin de beaucoup d'eau. On le récolte deux fois par an.

LES AUTRES CÉRÉALES CULTIVÉES DANS LE MONDE

LE BLÉ : on le cultive sur tous les continents. Sa farine sert à faire du pain ou des pâtes. Pour récolter le blé, on utilise des moissonneuses batteuses.

LE MAÏS : en Amérique du Sud, sa farine sert à faire des galettes, les tortillas. En Europe, le maïs est utilisé pour nourrir les animaux.

L'Amérique

L'Amérique est un continent tout en longueur qui s'étend du pôle Nord au pôle Sud. En Amérique, tout est grand : les forêts, les plaines, les chaînes de montagnes... mais aussi les villes avec leurs immenses gratte-ciel.

Les **chutes du Niagara** au Canada sont les chutes d'eau les plus célèbres du monde.

Avec le temps, le vent a sculpté ce rocher dans le **parc national de l'Utah**, aux États-Unis.

Il y a des lacs d'altitude dans le **parc national de Torres del Paine** au Chili.

Dans les montagnes du Pérou, on a découvert les ruines du **Machu Picchu,** une vieille ville inca.

Nous survolons l'Amérique ! Tu vois des Indiens et des cow-boys ?

Comme c'est grand... On va rencontrer plein de copains !

- Un ours blanc au pôle Nord
- Sandy au Canada
- Stacy aux États-Unis
- Pedro au Mexique
- Tamaya au Pérou
- Flavia au Brésil
- Des piranhas dans la forêt d'Amazonie

Soulève le rabat pour découvrir la carte de l'Amérique !

À

Tu pe

de l

L'**Amazone** est un fleuve
qui traverse la forêt.

Flavia

lvador de Bahia

ts

À toi de jouer !

Devine ce que mangent ces enfants.

Stacy
aux États-Unis

Sandy
au Canada

Pokekro
au Brésil

Pedro
au Mexique

Une crêpe au
sirop d'érable

Un hamburger

Des tacos

Des vers sur
une feuille

Records d'Amérique

La Paz, en Bolivie, est la ville la plus haute du monde, à 3 700 mètres d'altitude.

Avec une éruption par jour, le Sangay, en Équateur, est le volcan le plus actif du monde.

La forêt amazonienne est la plus grande forêt du monde. Il y fait chaud et humide.

Le désert d'Atacama est le plus sec du monde. Il ne pleut presque jamais dans ce désert de pierres.

Le sais-tu ?

Il y a très longtemps, les Européens ont
écouvert le continent américain.
is des Indiens y vivaient bien avant
arrivée. Les **Sioux** et les **Apaches** vivaient
mérique du Nord ; les **Aztèques** et
cas vivaient en Amérique du Sud.

L'**Alaska** est un territoire qui appartient aux États-Unis.

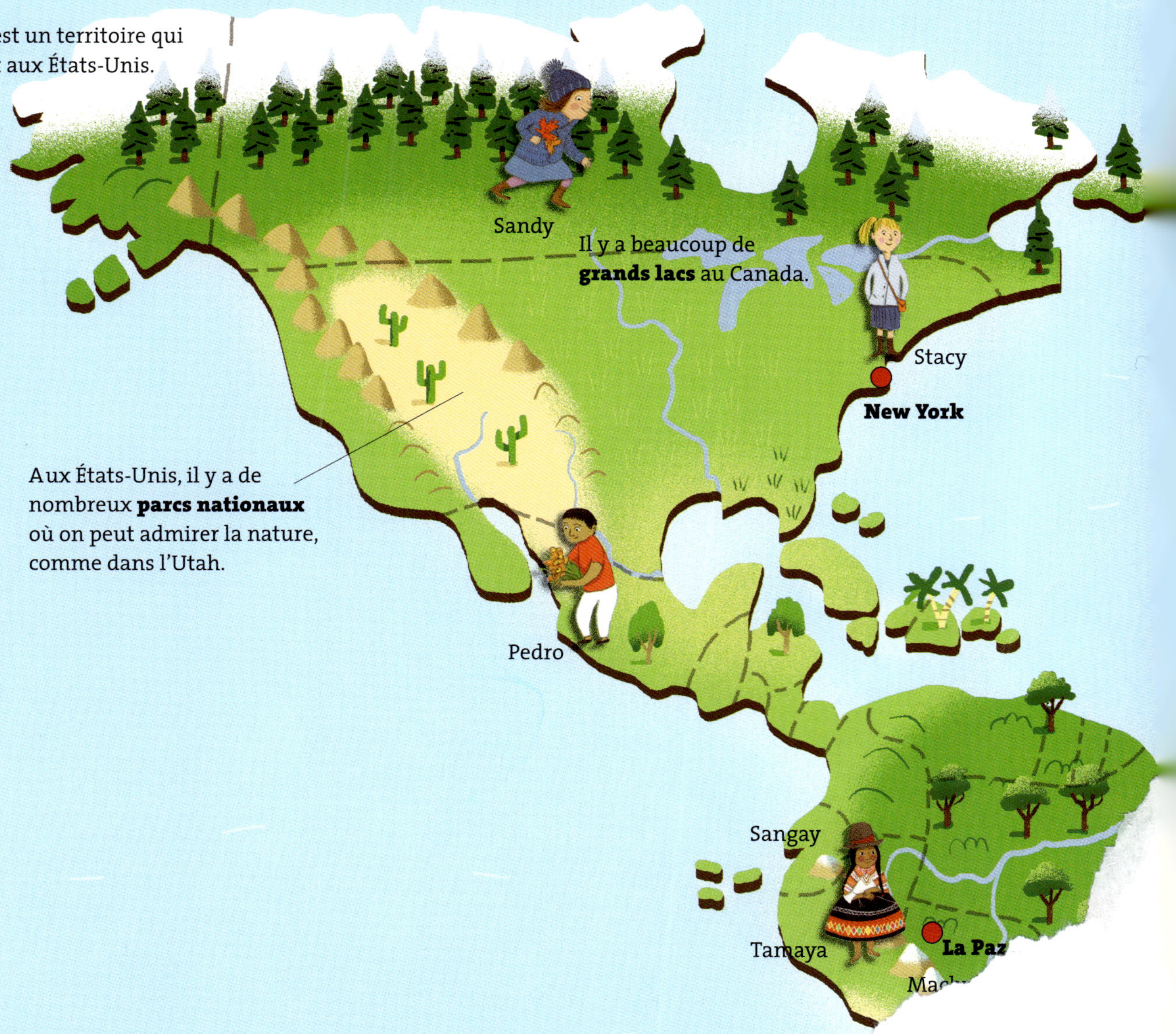

Il y a beaucoup de **grands lacs** au Canada.

Aux États-Unis, il y a de nombreux **parcs nationaux** où on peut admirer la nature, comme dans l'Utah.

La **cordillère des Andes**
grande chaîne de mon
On y trouve le plus h
d'Amérique : l'**Aco**

oi de jouer !

ux retrouver les copains
Félix et Lilas sur la carte du continent
et dans les pages qui suivent.

Sur la banquise

Tout au nord de l'Amérique, au pôle Nord, il fait un froid glacial. L'océan gèle et forme la banquise. Les animaux qui vivent là supportent des températures très basses !

L'**ours blanc** supporte bien le froid grâce à son épaisse fourrure.

Les **morses** vivent en groupe. Ils s'entassent les uns sur les autres pour se réchauffer au soleil.

Pendant l'hiver, la maman ourse donne naissance à ses petits, à l'abri dans une tanière de neige. Ils en sortent au printemps.

À toi de jouer !

De quelle couleur est le bébé phoque ?
À quoi cela peut-il lui servir sur la banquise ?

L'été, la **baleine à bosse** trouve dans les eaux du pôle Nord une nourriture très riche.

Les **icebergs** sont des blocs de glace qui se détachent de la banquise comme d'immenses glaçons.

Le **phoque** a une épaisse couche de graisse qui le protège même dans l'eau glaciale.

AU SECOURS, LA GLACE FOND !

- La pollution des usines et des voitures fait augmenter la température de notre planète.
- À cause de ce réchauffement, la banquise fond.
- Le territoire de chasse de l'ours blanc devient de plus en plus petit. Il ne pourra bientôt plus y vivre.

Le bébé phoque est tout blanc, on l'appelle **blanchon.** Il tète sa mère pour boire son lait très nourrissant.

Le Canada

Le Canada est le deuxième plus grand pays du monde. On y trouve plus d'un million de lacs et de grandes forêts...

Je m'appelle Sandy, je vis dans la forêt canadienne. Comme beaucoup de Canadiens, je parle anglais.

On aime beaucoup les arbres ici. On a même mis une feuille d'**érable** sur notre drapeau. Tu la vois ?

À la fin de l'hiver, on récolte la sève des érables pour faire du **sirop.** C'est délicieux sur les **pancakes,** des petites crêpes !

* Salut en anglais

1

Mon père est bûcheron : il coupe des arbres, mais il en plante aussi, par exemple, des cèdres rouges qui sont utilisés pour construire des maisons.

2

À l'automne, les arbres prennent des couleurs rouges et orange, sauf les sapins, dont les aiguilles restent vertes. C'est magnifique !

3

Avec mes parents, on fait souvent des balades en forêt. Mais attention aux ours ! Pour qu'ils n'approchent pas, on agite une clochette !

4

Quand on sort en voiture, il ne faut pas tomber en panne car les maisons sont éloignées les unes des autres. On emporte toujours des provisions et de l'essence.

Je m'appelle Jacques, je vis dans la ville de Québec. Dans cette région, tout le monde parle français avec un accent bien spécial.

Jacques Cartier, un explorateur français, a découvert notre pays il y a très longtemps.

As-tu déjà vu une **baleine ?** On peut en observer près de chez moi, sur le fleuve Saint-Laurent.

À toi de jouer !

Au Québec, on utilise parfois de drôles de mots ! Lis la BD et essaie de deviner ce que Jacques veut dire.

1

Ce matin, il fait *frette** dehors ! Je mets plein d'épaisseurs de vêtements et des bottes fourrées pour avoir bien chaud !

* froid

2

Ma maman me dépose à l'école avec son *char**. Elle me fait un gros *bec*** sur la joue avant de partir au travail.

* voiture ** bisou

3

Après l'école, mon papa m'emmène voir un match de hockey avec mon grand frère Martin. Tous les Canadiens adorent ce sport !

4

Avant de me coucher, je me lave avec une *débarbouillette** et je me brosse les dents avec de la *pâte à dents***.

* gant de toilette ** dentifrice

La baleine à bosse

La baleine à bosse est énorme. Elle fait partie de la famille des mammifères marins. La baleine bleue, sa cousine, est le plus grand et le plus gros animal du monde.

La baleine à bosse est une grande voyageuse. Chaque année, elle parcourt 16 000 kilomètres, du pôle Nord à l'Équateur, où elle donne naissance à son petit.

Les deux **évents** sont comme des narines qui lui permettent de respirer. En remontant à la surface, la baleine rejette de l'air par ces évents.

Dans la bouche de la baleine, il y a des **fanons.** Ils sont serrés les uns contre les autres, comme un peigne, et couverts de poils.

La baleine à bosse a de très grandes **nageoires** qui lui servent à se déplacer dans l'eau. Elle avance à une vitesse de 50 kilomètres par heure environ.

Question d'enfant

Est-ce que les baleines pondent des œufs ?

Les baleines sont des mammifères : elles ont le sang chaud et des os, elles respirent de l'air. Les femelles font naître un petit déjà formé et l'allaitent. Les poissons, eux, ont le sang froid et des arêtes, ils respirent sous l'eau et pondent des œufs.

Des chiffres

Poids : **35 tonnes**
Taille : **15 mètres de long**
Nombre de fanons : **400**
Temps de plongée : **30 minutes**

La baleine **chante** parfois sous l'eau. Elle fait des sons variés et compliqués qui s'entendent de très loin.

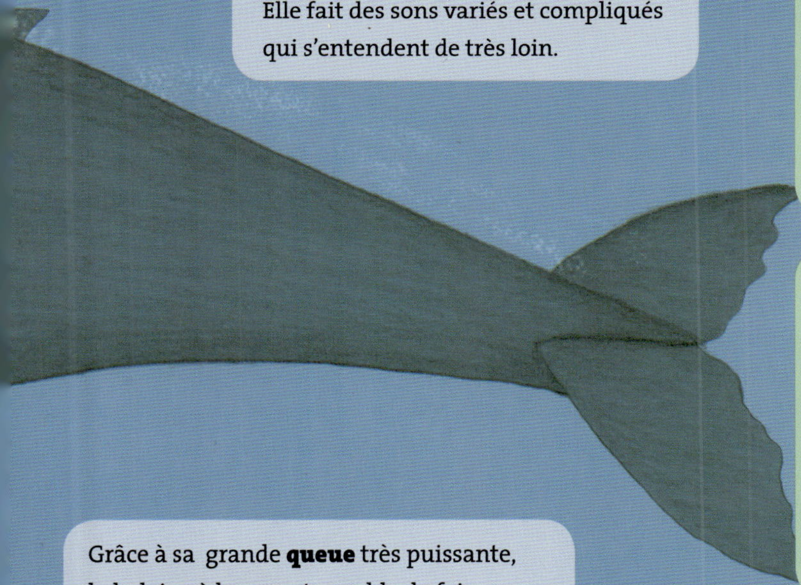

Grâce à sa grande **queue** très puissante, la baleine à bosse est capable de faire de formidables sauts hors de l'eau. De nombreux touristes viennent l'observer au large du Canada ou des États-Unis.

À la pêche aux crevettes !

1

Les baleines ont une super technique pour attraper les petits poissons et le krill, de minuscules crevettes.

2

Les baleines enferment le krill et les poissons dans un rideau de bulles.

3

Puis elles remontent en ouvrant grand la bouche : elles avalent l'eau, les poissons et le krill.

4

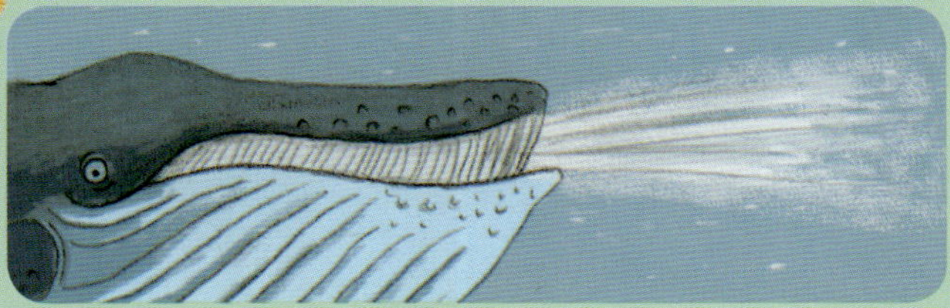

Les baleines recrachent l'eau à travers leurs fanons, mais le krill et les poissons restent prisonniers.

Les États-Unis

Les États-Unis s'étendent de l'océan Pacifique à l'océan Atlantique. Le pays est tellement grand qu'il faut plus de 6 heures en avion pour aller de New York à Los Angeles.

À la loupe !

Retrouve sur cette carte Stacy, John, Kevin, Olivia et José, dont on parle page 57.

Stacy habite à New York, la plus grande ville du pays. Dans le métro, Stacy et son amie Keyloon voyagent avec des personnes venues du monde entier !

John vit dans le pays des cow-boys ! Aujourd'hui, les cow-boys roulent en voiture mais pour ses 7 ans, John aura un cheval comme son père.

Kevin habite à la Nouvelle-Orléans, une ville du sud. Ses ancêtres étaient esclaves dans les champs de coton. Kevin va à l'école et veut devenir astronaute.

Olivia habite à Los Angeles. Dans cette ville, on fait tout en voiture. Le soir, sa mère lui achète souvent un hamburger qu'elle mange dans l'auto.

Naqi est Inuit. Elle vit en Alaska, au nord des États-Unis. Son grand-père lui apprend à construire des igloos comme autrefois, quand il chassait le phoque.

José vit au Texas. Sa famille vient du Mexique et tient un petit restaurant de plats mexicains à emporter. Avec ses parents, José parle espagnol.

Dans la grande ville

Les grandes villes américaines sont tout en hauteur, avec des rues bien droites et alignées. À New York, la vie ne s'arrête jamais, même pas la nuit !

Les immeubles sont tellement hauts qu'on les appelle des **gratte-ciel.**

Certains magasins restent ouverts toute la nuit !

Il y a beaucoup de circulation dans les rues.

Cet homme n'a pas de maison. Il dort allongé sur des cartons.

Le sais-tu ?

Les premiers gratte-ciel ont été construits à Chicago en Amérique, après l'invention de l'ascenseur. Aujourd'hui, c'est en Asie qu'on trouve les immeubles les plus hauts.

Au sommet des immeubles, de petites lumières rouges clignotent pour avertir les avions.

À la loupe !

Retrouve les personnages dans l'image.

- Stacy et ses parents
- Le groom de l'hôtel
- Le marchand de pizzas

Sur les murs, de grandes **publicités** de toutes les couleurs illuminent la nuit.

Les **taxis** de New York sont jaunes et noirs. Ils roulent jour et nuit dans la ville.

Le **groom** se tient devant la porte de l'hôtel pour accueillir les clients.

Le Mexique

Tous les ans, au mois de novembre, les Mexicains célèbrent la fête des morts. C'est une vraie fête où tout le monde sort dans la rue et boit à la santé des morts.

Les familles installent des **offrendas** pour les esprits, avec des gâteaux, des fruits et plein de bonnes choses !

La rue est décorée de fleurs orange et de bougies.

Des musiciens jouent de la musique en l'honneur des morts.

Les enfants se déguisent en squelettes et croquent des petites têtes de mort en sucre.

Le grand chapeau à large bord s'appelle un **sombrero.** C'est le chapeau traditionnel des Mexicains.

À toi de jouer !

Retrouve Pedro dans cette scène. Il est caché derrière un masque. Le vois-tu ?

Pedro vit à Mexico, à plus de 2000 mètres d'altitude. Mexico est la capitale du Mexique et la plus grande ville du continent.

Au petit déjeuner, Pedro mange des haricots noirs avec des œufs brouillés. Il boit un grand verre de jus de mangue et de papaye.

À l'école, la maîtresse leur parle des Indiens aztèques qui vivaient au Mexique autrefois. Ils avaient construit des temples qu'on peut encore visiter.

L'après-midi, il n'y a pas école. Chez sa grand-mère, Pedro fait des tacos, des galettes de maïs remplies de viande hachée et de légumes.

Avec elle, il prépare aussi la fête des morts qu'on célèbre dans quelques jours... Il arrache des pétales de fleurs pour les mettre devant la maison.

Pedro fait un dessin pour son cousin José qui vit aux États-Unis. Beaucoup de Mexicains essaient d'aller là-bas pour travailler.

Le Pérou

Le Pérou est un pays de déserts et de montagnes.
Tamaya est une Indienne des Andes. Elle habite dans un petit village à plus de 4000 mètres d'altitude ! Ses ancêtres étaient des Incas.

Je n'ai jamais voyagé ni quitté mon village. J'aimerais aller voir le **lac Titicaca.** Là-bas, les Indiens vivent sur des îles flottantes en roseaux.

Tu me trouves belle ?
Mes vêtements sont faits avec de la laine de **lama.** C'est ma mère qui a fabriqué ma jolie jupe !

* Bonjour en quechua

Mes parents sont paysans. Je les aide souvent dans les champs. Avec mon frère, on va chercher du bois et de l'eau pour la cuisine.

Au Pérou, on a deux langues : l'**espagnol** qui vient d'Europe et le **quechua** que parlaient les Indiens incas. En quechua, pomme de terre se dit *papa*.

Les Indiens élèvent des **lamas** pour leur laine, mais aussi pour porter des choses lourdes et pour manger leur viande.

Mon école est ouverte seulement le matin de 8h à 13h. J'y apprends l'espagnol et le quechua.

Dans ma maison, il n'y a pas d'électricité ni de robinet. On vit dans une seule grande pièce. Dans un coin, on mange et, de l'autre côté, on met tous les matelas pour dormir.

Mon plat préféré

Chez moi, on mange surtout des pommes de terre et du maïs. Il existe 500 espèces de maïs ! Le repas de fête, ici, c'est le cochon d'Inde rôti !

Et toi ?

Combien y a-t-il de pièces dans ta maison ? As-tu une chambre rien que pour toi ?

Le Brésil

Le Brésil est le plus grand pays d'Amérique du Sud. On y trouve un immense fleuve, l'Amazone, qui traverse la forêt. Dans ce grand pays, on parle portugais.

À la loupe !

Retrouve sur cette carte Frederico, Flavia, João, Kamille, Pokekro, et Luana, dont on parle page 65.

Frederico vit à Brasilia, la capitale du Brésil. Il adore le football et rêve de devenir un champion comme Pelé, le plus célèbre joueur brésilien.

Flavia habite à Salvador de Bahia. Sa peau est foncée car ses ancêtres étaient des Noirs d'Afrique qu'on a emmenés de force pour les vendre comme esclaves.

João vit dans un quartier riche de Rio de Janeiro, le long des plages. Devant son immeuble, il y a toujours un gardien armé !

Kamille habite à Rio dans la favela, un bidonville où les familles vivent très pauvrement. Dans sa maison de planches, il n'y a pas d'eau ni de toilettes.

Pokekro est un Indien Kayapo. Il vit dans la forêt d'Amazonie, où il chasse et pêche pour se nourrir. Son village est menacé par la destruction de la forêt.

Luana habite à Manaus, une ville construite le long du fleuve Amazone. Le papa de Luana conduit les touristes en bateau dans la forêt.

Dans la forêt amazonienne

La forêt amazonienne est chaude et humide. Pendant la saison des pluies, elle est même inondée. Des animaux très variés vivent dans l'eau et dans les arbres.

Le **ouakari chauve** ne descend jamais au sol. Il se nourrit de graines et de fleurs.

Quand il se laisse flotter à la surface, le **caïman** ressemble à un tronc d'arbre.

Le **cabiai** se nourrit des plantes qui poussent au bord de l'eau. Au moindre danger, il se cache dans l'eau.

Les **grenouilles dendrobates** vivent sur les feuilles. Leur peau très colorée est empoisonnée.

Le **dauphin rose** se faufile entre les arbres. Il vit dans l'eau douce et se nourrit de poissons comme le piranha.

À toi de jouer !

Compte les piranhas dans l'eau !

Les **orchidées** poussent dans les arbres, près de la lumière.

Quand il ne chasse pas, le **jaguar** dort allongé sur une branche.

L'**anaconda** est le plus grand serpent du monde. Excellent nageur, il tue ses proies en les noyant.

Les **piranhas** sont des poissons aux dents acérées. Ils repèrent le sang des animaux blessés et les attaquent.

LA FORÊT EST EN DANGER !

- En Amazonie, les hommes coupent les arbres, pour en vendre le bois. Un morceau de forêt grand comme un terrain de football est détruit toutes les 7 secondes. À la place, les hommes créent des routes et des champs.
- Sans arbres pour les abriter, de nombreux animaux disparaissent. Les villages indiens aussi sont menacés !
- Si cela continue, dans 150 ans, il n'y aura plus de forêt amazonienne du tout.

L'Afrique

En Afrique, la moitié de la population vit dans des villes, mais beaucoup d'Africains habitent encore dans des petits villages et ont gardé les traditions de leurs ancêtres.

Chez les **Massaïs**, en Afrique de l'Est, les femmes portent des bijoux de perles multicolores.

Dans le désert du **Sahara,** les **Touaregs** se couvrent la tête d'un long foulard noir, le chèche.

En Afrique du Sud, les **Zoulous** racontent leur histoire par des danses.

Chez les **Dogons** du Mali, les hommes portent des masques pendant les fêtes.

À la loupe !

Retrouve une femme masaï, un Zoulou, un Touareg et un masque dogon sur la carte du continent.

 **Khalil au Maroc**

 **Un dromadaire dans le Sahara**

 **Mariama au Sénégal**

 **Dounia en Tanzanie**

 **Un éléphant dans la savane**

 **Léonard au Cameroun**

 **Un gorille dans la forêt**

À toi de jouer !

Tu peux retrouver les copains de Félix et Lilas sur la carte du continent et dans les pages qui suivent.

Soulève le rabat pour découvrir la carte de l'Afrique !

À toi de jouer !

En suivant le chemin avec ton doigt, retrouve qui habite où.

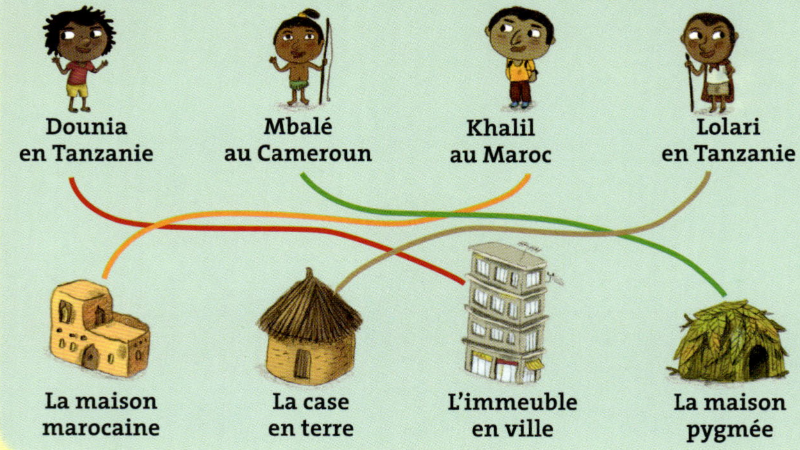

Records d' Afrique

Les chutes Victoria sont les plus grandes chutes d'eau d'Afrique.

Le Nil est le plus long fleuve du monde. Il mesure 6 670 kilomètres.

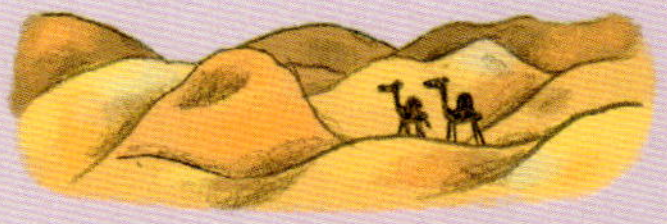

Le désert du Sahara est le plus grand désert chaud du monde. Il n'y pleut presque jamais !

Le sais-tu ?

Dans le désert africain, on a retrouvé les os et le crâne d'un homme préhistorique, vieux de 7 millions d'années. Les premiers hommes ont d'abord vécu en Afrique avant de s'installer un peu partout dans le monde.

La **mer Méditerranée** sépare l'Afrique de l'Europe.
Khalil
Rabat
Les **pyramides d'Égypte** sont les tombeaux des pharaons.
SAHARA
La **mosquée de Djenné** au **Mali** est construite en boue.
Le Nil
Mariama
Dakar
OCÉAN ATLANTIQUE
Léonard
Douala
Dans les régions humides, on cultive des **cacaoyers** et des **bananiers**.
Dounia

Le Maroc

Dans les petites rues de la vieille ville de Rabat, il y a le souk. C'est là que sont installés les marchands d'épices, de poteries, de cuivre ou de babouches...

Les **tapis** sont fabriqués avec de la laine et tissés à la main par les femmes.

Les **babouches** sont des chaussures en cuir à bouts pointus.

L'**oud** est un instrument qui ressemble un peu à la guitare.

Beaucoup de touristes visitent le **souk** et achètent des souvenirs aux marchands.

Les fruits secs sont utilisés pour cuisiner des **tajines** dans des plats en terre cuite.

À toi de jouer !

Retrouve Khalil qui se promène dans le souk.

Khalil a 7 ans et vit dans la ville de Rabat. Le matin, il se lève tôt. Il a le droit de regarder un dessin animé à la télé avant d'aller à l'école.

À l'école, Khalil apprend à lire l'arabe. C'est une langue qui s'écrit et se lit de la droite vers la gauche.

En fin d'après-midi, Khalil va au hammam avec sa mère. Il fait très chaud, on étouffe un peu. Bientôt, il aura l'âge d'y aller avec son père et les hommes !

Avant le dîner, il joue avec son frère Achiq au felli : c'est un peu comme le jeu de dames. Sa sœur Zineb aide leur maman à préparer le tajine.

La nuit est tombée. Toute la famille mange un tajine de poulet, en se servant directement dans le plat avec une grande cuillère.

Bientôt, ce sera le mois de ramadan, pendant lequel les musulmans ne mangent pas jusqu'au coucher du soleil. Les enfants ne font le ramadan qu'une journée.

Dans le désert du Sahara

**Le désert du Sahara est le plus grand désert du monde.
Il y fait très chaud et il n'y pleut presque jamais !**

Peu d'hommes vivent dans le Sahara car les conditions de vie sont très dures.

Les **Touaregs** connaissent parfaitement le désert. Ils vont de point d'eau en point d'eau.

Ils voyagent avec leurs **dromadaires.** Cet animal est capable de rester deux semaines sans boire.

Le **chèche** protège le visage du soleil et des vents de sable.

Pour vivre dans le désert, les animaux doivent pouvoir supporter la chaleur de la journée, avec des températures de 50°C.

Le **scorpion** se protège de la chaleur du soleil sous une pierre.

Le **fennec** est le plus petit des renards. Son pelage clair et ses grandes oreilles lui sont utiles pour ne pas avoir trop chaud.

Question d'enfant

Qu'y a-t-il dans la bosse du dromadaire ?

La bosse du dromadaire n'est pas remplie d'eau ! C'est une réserve de graisse dans laquelle il trouve de l'énergie quand il marche dans le désert. Le chameau, lui, a deux bosses et vit en Asie !

Les dunes de sable s'appellent des **ergs.** Dans la journée, le sable devient brûlant !

Près des sources d'eau souterraines, les hommes font pousser des palmiers dans les **oasis.**

LES DÉSERTS DU MONDE

Les déserts sont des endroits où il ne pleut presque jamais. Tous les déserts ne ressemblent pas au Sahara :

- **L'Antarctique et l'Arctique sont des déserts de glace.**
- **Le désert de pierres de l'Atacama, en Amérique, est le plus sec du monde.**
- **Le désert de Gobi, en Asie, est un désert froid.**
- **Le sable du grand désert australien est rouge.**

La **gerboise** sort peu de son terrier souterrain avant la nuit.

Le Sénégal

Mariama vit à Dakar, la plus grande ville du Sénégal. Elle parle le wolof et aussi le français car autrefois, des Français dirigeaient son pays.

À l'école, le maître est sévère : il nous interdit de parler en wolof pour que nous apprenions mieux le français. Le matin, les 40 élèves de la classe se lèvent et lui disent tous : « Bonjour monsieur Cissoko ! »

Mon père a 2 femmes et 6 enfants. Heureusement, ma mère s'entend bien avec la seconde épouse et il n'y a pas trop de disputes !

* Bonjour en wolof

Ma mère est très élégante ! Pour les fêtes, elle va chez le tailleur et lui commande le vêtement traditionnel africain : un grand **boubou** en tissu brillant.

Mon plat préféré

C'est le **tieboudienne,** un plat typique du Sénégal, composé de poisson au piment avec du riz. On le sert dans une grande bassine où tout le monde pioche avec la main droite.

Tu me trouves belle ?

Avec ma copine, on passe des heures à se faire des coiffures ! Cette fois, c'est au tour d'Aïssatou de me tresser les nattes devant la télé.

Ma famille n'a pas de voiture, c'est trop cher ! Pour aller voir mes tantes au village, on prend un taxi 7 places à la gare routière. Le chauffeur attend que le taxi soit plein… et on démarre !

Ici, tout le monde adore la **musique.** Et dès qu'on en entend, les filles comme les garçons se mettent à danser !

La Tanzanie

Pour faire la cuisine, boire et se laver, il faut aller chercher de l'eau à la source, mais elle n'est pas très propre et rend souvent les enfants malades.

La Tanzanie est un pays d'Afrique de l'Est. On y trouve beaucoup de petits villages dans la savane et deux grandes villes.

Je m'appelle Lolari et j'ai 9 ans.
J'appartiens à la tribu **massaï,** une tribu de guerriers. Mon père est le chef d'une **boma,** un petit village où vivent ses 8 femmes et tous ses enfants !

Les femmes portent des **bijoux** en perles. Elles ont le crâne rasé pour mettre en valeur leur beauté.

* Bonjour en langue massaï

1

Tôt le matin, j'emmène les vaches brouter dans la savane. Je ne m'éloigne pas trop car je dois bientôt partir pour l'école !

2

Ma petite sœur Nemali et moi, on doit marcher plus d'une heure dans la brousse pour aller à l'école. Il n'y a pas de voiture, ni de bus ou de taxi.

3

Moi, j'ai un cahier mais je l'économise car le papier coûte cher. Ma petite sœur apprend l'alphabet en traçant les lettres dans le sable avec son doigt.

4

La nuit, les bêtes sauvages rodent ! Pour protéger les chèvres et les vaches, je dois rassembler des branches épineuses tout autour de l'enclos.

Je m'appelle Dounia.
J'habite à **Dar es-Salaam,** la plus grande ville de Tanzanie. Je parle deux langues, le **kiswahili** et l'**anglais** car les Anglais ont dirigé mon pays autrefois.

Ma mère travaille dans un grand hôtel. Les **touristes** s'arrêtent dans ma ville avant de partir en safari photographier les animaux de la savane.

* Bonjour en kiswahili

1

L'école est juste à côté de chez moi. C'est gratuit pour tous les élèves mais les salles de classe auraient besoin d'être repeintes !

2

Je vais souvent chercher ma mère à son travail. L'hôtel Kilimandjaro est un immeuble tout neuf avec l'air conditionné et des ascenseurs.

3

Sur le marché, on achète des légumes, des fruits et des épices qui viennent de Zanzibar, une île de l'océan Indien en face du grand port de Dar es-Salaam.

À toi de jouer !

Sauras-tu deviner quels animaux de Tanzanie se cachent derrière ces silhouettes ?

Dans la savane

La savane africaine est une grande étendue où poussent des herbes hautes et quelques arbres. De nombreux animaux se rassemblent autour des points d'eau pour boire.

Dans la savane, il y a deux saisons : une **saison sèche** et une **saison humide.**

Quand les zèbres s'enfuient en courant, leurs **rayures** brouillent la vue des animaux qui les chassent.

Les **girafes** restent en groupe. Pendant qu'une girafe boit, les autres surveillent les environs.

La **pintade casquée** vole mal et préfère courir. Quand elle est en danger, elle pousse de grands cris.

Les **acacias** ont une forme de parasol. Leurs branches sont couvertes d'épines. Leurs feuilles sont le repas préféré des girafes !

À toi de jouer !

Devine ce que mangent les animaux que tu vois sur l'image.
Qui mange de l'herbe et des feuilles ?
Qui mange de la viande ?

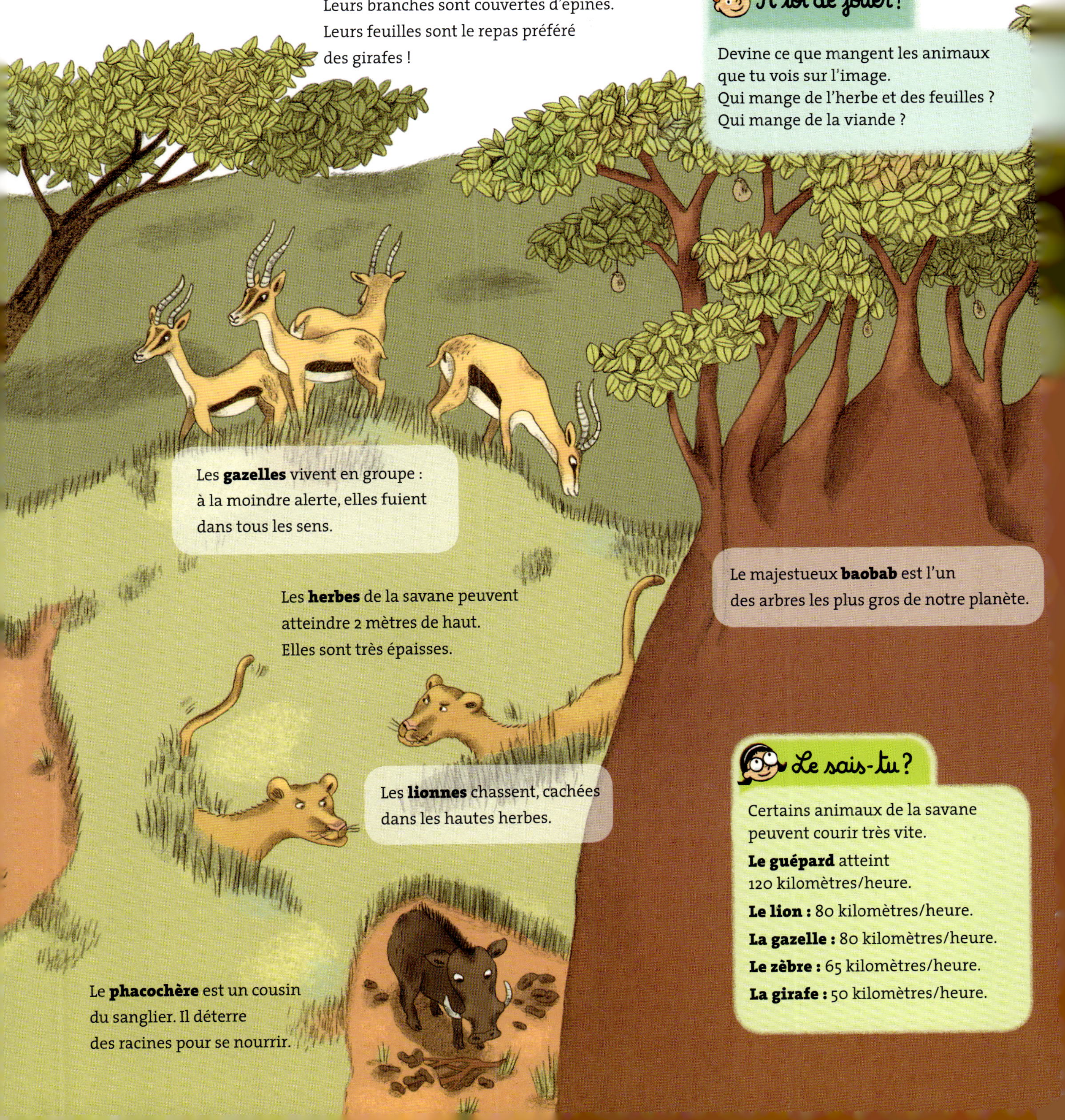

Les **gazelles** vivent en groupe : à la moindre alerte, elles fuient dans tous les sens.

Le majestueux **baobab** est l'un des arbres les plus gros de notre planète.

Les **herbes** de la savane peuvent atteindre 2 mètres de haut. Elles sont très épaisses.

Les **lionnes** chassent, cachées dans les hautes herbes.

Le sais-tu ?

Certains animaux de la savane peuvent courir très vite.

Le guépard atteint 120 kilomètres/heure.

Le lion : 80 kilomètres/heure.

La gazelle : 80 kilomètres/heure.

Le zèbre : 65 kilomètres/heure.

La girafe : 50 kilomètres/heure.

Le **phacochère** est un cousin du sanglier. Il déterre des racines pour se nourrir.

L’éléphant d’Afrique

L’éléphant est le plus gros des animaux terrestres. Les femelles et les petits vivent à l’écart des mâles. La troupe est conduite par la femelle la plus âgée, la matriarche.

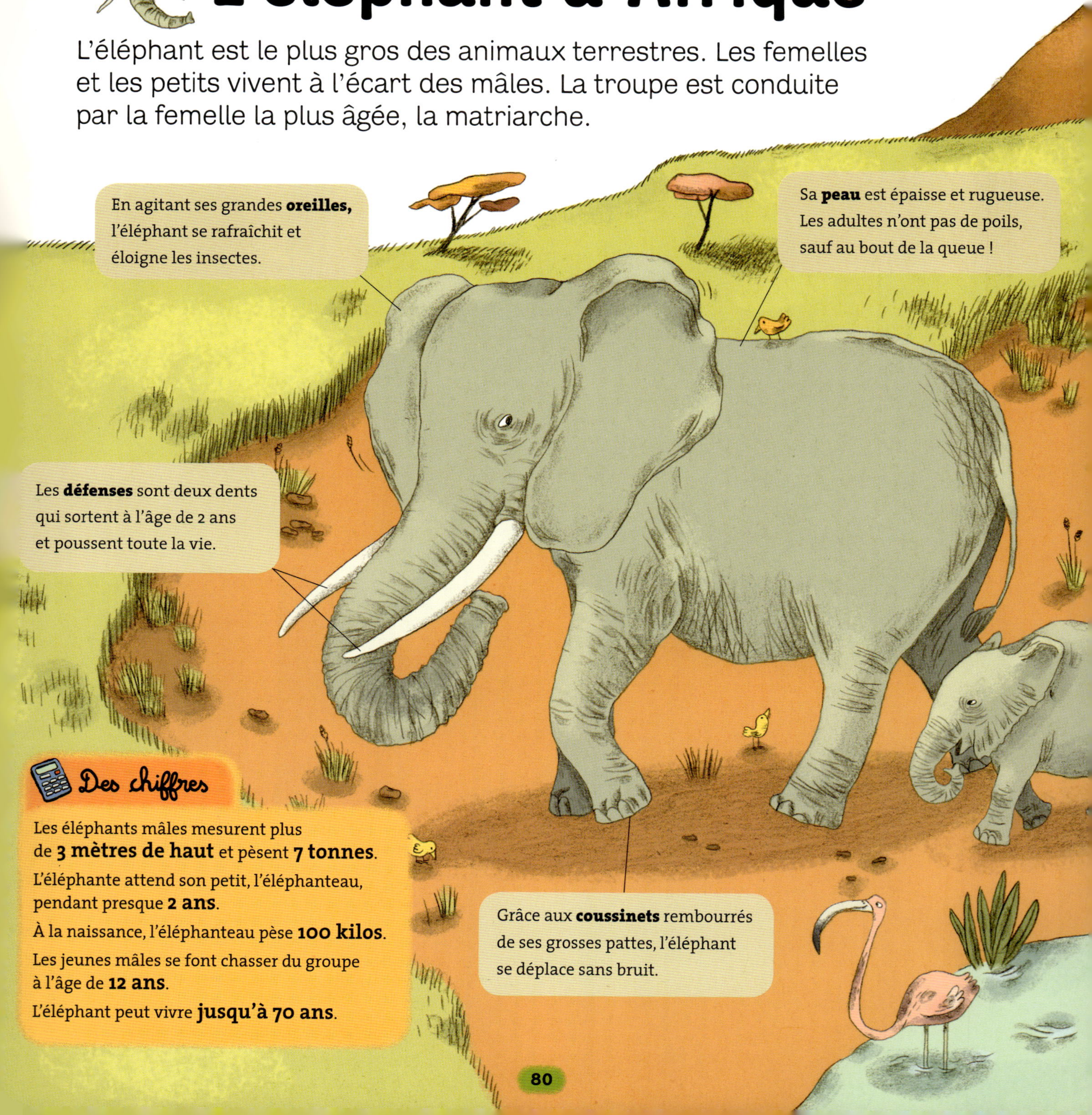

En agitant ses grandes **oreilles,** l’éléphant se rafraîchit et éloigne les insectes.

Sa **peau** est épaisse et rugueuse. Les adultes n’ont pas de poils, sauf au bout de la queue !

Les **défenses** sont deux dents qui sortent à l’âge de 2 ans et poussent toute la vie.

Grâce aux **coussinets** rembourrés de ses grosses pattes, l’éléphant se déplace sans bruit.

Des chiffres

Les éléphants mâles mesurent plus de **3 mètres de haut** et pèsent **7 tonnes**.

L’éléphante attend son petit, l’éléphanteau, pendant presque **2 ans**.

À la naissance, l’éléphanteau pèse **100 kilos**.

Les jeunes mâles se font chasser du groupe à l’âge de **12 ans**.

L’éléphant peut vivre **jusqu’à 70 ans**.

Une trompe à tout faire !

La **trompe** a des milliers de muscles et peut s'articuler dans tous les sens.

L'**éléphanteau** ne quitte pas sa mère. Il la suit partout.

Question d'enfant

Est-ce que l'éléphant marche sur sa trompe ?

La trompe est longue et encombrante ! Les jeunes éléphanteaux mettent au moins 3 mois avant de s'en servir correctement. Ils marchent régulièrement dessus et doivent apprendre à la relever quand ils se déplacent.

1

La trompe de l'éléphant lui sert à atteindre les feuilles et cueillir les fruits des arbres.

2

Pour boire, l'éléphant aspire l'eau et la rejette ensuite dans sa bouche. Mais il aime aussi s'asperger !

3

L'éléphant barrit. Sa trompe amplifie le son, comme une trompette.

4

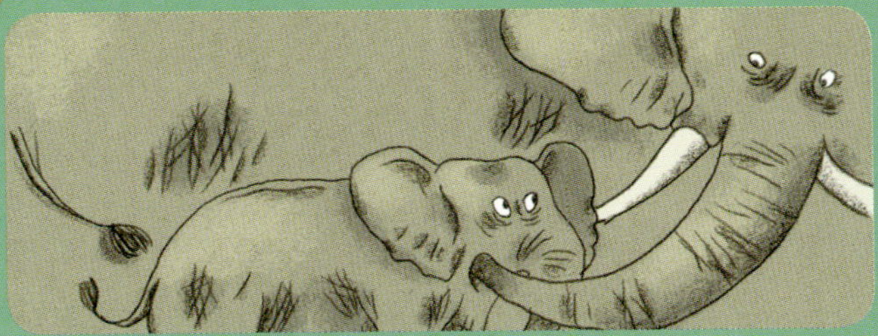

En cas de panique, la maman éléphant met sa trompe dans la bouche de son petit pour le rassurer.

Le Cameroun

On appelle le Cameroun « l'Afrique miniature ». Les gens y parlent 200 langues différentes, mais tout le monde se respecte !

Au Cameroun, on cultive les bananes plantain et des plantes, comme le manioc ou l'igname, dont on mange les racines.

* Bonjour en douala

À toi de jouer !

Retrouve Léonard, Amina, Mbalé, Félix, Hawa et Oumarou dont on parle page 83.

Léonard vit à Douala, la plus grande ville du Cameroun. Dans sa classe, les élèves sont nombreux. Pour avoir le calme, le maître les menace souvent de sa baguette.

La famille d'Amina cultive le thé dans la province du Nord-Ouest. Après l'école, Amina aide sa mère à ramasser les feuilles de thé qui seront ensuite séchées.

Mbalé est une jeune fille pygmée. Elle vit dans la forêt, elle pêche et sait trouver les plantes qui soignent les maladies.

À cause de la guerre, Félix a dû quitter son pays, le Tchad. Il est venu de l'autre côté de la frontière, au Cameroun, où il fabrique des briques pour survivre.

Hawa est une petite fille peule qui vit dans la province de l'Extrême-Nord. Pour se faire belle, elle prend soin de ses longs cheveux et porte un anneau dans le nez.

Sur la plage de Kribi, Oumarou guette le retour de la pirogue de son père. Il l'aide ensuite à décharger les crevettes qu'il a pêchées dans son filet.

Dans la forêt africaine

Près de l'Équateur, il fait très chaud et il pleut beaucoup. C'est une région où poussent de grands arbres touffus et où vivent des animaux qu'on ne trouve nulle part ailleurs.

Le **mamba vert** est un serpent qui vit dans les arbres. Il est rapide et chasse les oiseaux qu'il paralyse avec son venin.

Le **guib harnaché** est une espèce d'antilope. Son poil est roux avec des taches blanches.

Le **pangolin** est recouvert d'écailles qui lui font comme une armure. Il attrape les fourmis avec sa langue gluante.

À la loupe !

Combien comptes-tu d'oiseaux dans la forêt ?

Dans la forêt équatoriale, les arbres (comme le **sapelli** ou l'**ayous**) ne perdent jamais leurs feuilles.

Il y a beaucoup de **moustiques** dans la forêt. Leur piqûre peut donner des maladies graves.

LES GORILLES EN DANGER !

- Les gorilles sont chassés pour leur viande mais ils sont surtout menacés par la destruction de la forêt.
- Les autres grands singes, les chimpanzés et les bonobos d'Afrique, et les orangs-outans d'Asie, sont aussi menacés.

La vie des gorilles

1

Le gorille des montagnes se nourrit de plantes dont il mange les pousses, les feuilles ou les tiges. Il apprécie le céleri sauvage et les orties.

2

Les gorilles vivent en groupe. Le chef est un mâle « dos argenté ». Il mesure 2 mètres et pèse 200 kilos !

3

Les femelles s'occupent de leurs petits jusqu'à l'âge de 2 ans. Le petit gorille grimpe sur le dos de sa mère et s'accroche fort à ses poils.

4

Pendant la journée, les gorilles se déplacent en mangeant. Ils construisent un nid, une sorte de plateforme, dans les arbres ou au sol, pour y passer la nuit.

L'Océanie

L'Océanie est un petit continent constitué de milliers d'îles. L'Australie et la Nouvelle-Guinée sont les plus grandes. On y trouve d'étonnants animaux qui n'existent nulle part ailleurs.

Le **koala** vit dans les forêts d'Australie.
Il se nourrit de feuilles d'eucalyptus.

Le **kangourou** est le symbole de l'Australie.
C'est un champion de saut !

L'**échidné** a des piquants, un long museau
et une langue collante pour attraper les fourmis.

Dans les récifs de corail nagent des centaines
de **poissons** multicolores.

À la loupe !

Retrouve ces animaux
sur la carte du continent.

- Esther en Australie
- Tim en Australie
- Un koala en Australie
- Un poisson clown dans un récif de corail
- Simbari sur une île d'Océanie

Soulève le rabat pour découvrir la carte de l'Océanie !

À toi de jouer !

Tu peux retrouver les copains de Félix et Lilas sur la carte du continent et dans les pages qui suivent.

La **Nouvelle-Calédonie** est une île montagneuse du bout du monde. Elle fait pourtant partie de la France !

En **Nouvelle-Zélande,** on élève des moutons pour vendre leur laine et leur viande.

À toi de jouer !

Retrouve à quel enfant appartient chaque objet.

Simbari

Tim

Esther

Le didgeridoo

Le chapeau à bouchons

Le collier de fleurs

Records d'Océanie

L'Australie est la plus grande île du monde. Elle fait plus de 7 millions de kilomètres carrés.

La Grande Barrière de Corail mesure plus de 2 000 kilomètres de long.

L'Uluru, ou l'Ayers Rock, dans le désert australien, est le plus gros rocher du monde.

Le sais-tu ?

Les îles d'Océanie ont souvent de beaux drapeaux. Le drapeau de l'**île Coco** représente un cocotier ; celui de **Papouasie-Nouvelle-Guinée**, un bel oiseau de paradis ; et celui des **îles Kiribati** un oiseau au-dessus de l'océan.

OCÉAN INDIEN
L’île de **Nouvelle-Guinée** est couverte de forêts. C’est là que vivent les tribus de Papous.
Le **mont Wilhelm** est la plus haute montagne d’Océanie.
Esther
À l’intérieur du pays, il y a des **déserts**.
La **Grande Barrière de C**
s’étend le long de la côte australienne.
Tim
Les **aborigènes** sont les premiers habitants d’Australie. Ils vivaient là avant l’arrivée des Blancs.
Sydney est la plus grande ville d’Australie. Son opéra est un bâtiment moderne très célèbre.

L'Australie

L'Australie est la plus grande île du monde. On y trouve quelques grandes villes mais aussi des espaces presque inhabités.

Je m'appelle Esther, j'ai 6 ans.
J'habite dans l'**outback,** une grande région très sèche au centre du pays.

Mon père élève des **moutons** et ma mère l'aide à la ferme. Dans notre région, les maisons sont très loin les unes des autres.

Sais-tu à quoi sert ce drôle de **chapeau** avec ses cordelettes et ses bouchons ? À chasser les mouches qui viennent bourdonner dans nos oreilles.

* Bonjour, de l'anglais Good day

1

Ce matin, maman a préparé un banana bread : c'est une sorte de cake à la banane qu'on mange au petit déjeuner. J'adore !

2

À 8h, je commence l'école. Comme la ville est trop loin, je suis les leçons à la maison avec la radio ou l'ordinateur. Heureusement, maman m'aide !

3

À 3h de l'après-midi, j'ai fini de travailler. Je peux regarder la télévision. La publicité coupe tout le temps les dessins animés.

4

Avec mon frère, on sort jouer au rugby. Oh ! Un kangourou qui saute ! Ici, on en voit souvent, mais mon père ne les aime pas car ils abîment ses barrières.

Je suis Tim. Je suis un enfant aborigène.
Mon peuple était en Australie bien avant l'arrivée des Européens, il y a 200 ans environ. Aujourd'hui, presque tous les aborigènes parlent anglais.

À toi de jouer !

Devine ce que signalent ces panneaux qu'on peut voir sur les routes australiennes ?

En Australie, la nature est sauvage. J'habite près d'une rivière mais on ne doit pas s'y baigner à cause des **crocodiles.**

Mon père peint des **peintures traditionnelles :** de grands dessins faits avec des petits points.

1

J'aime bien aller à l'école, même si ce n'est pas obligatoire pour les aborigènes. Dans ma classe, on est 15 garçons, tous aborigènes.

2

Cet après-midi, le maître nous emmène à la plage pour pêcher. J'ai une nouvelle lance et je suis sûr d'attraper du poisson.

3

Youpi ! J'ai rapporté un baramundi à ma mère. C'est un poisson délicieux ! Elle le fait griller sur le feu.

4

Le soir, mon père souffle dans un grand instrument, le didgeridoo. Je l'écoute en regardant les étoiles.

Le koala

Le koala est vraiment mignon avec sa tête ronde et ses grandes oreilles couvertes de fourrure. Cet animal tranquille vit dans les forêts d'eucalyptus en Australie.

Le koala passe son temps dans les arbres. Il descend sur le sol uniquement pour changer d'arbre !

Le koala vit au ralenti et se déplace lentement. Il passe beaucoup de temps à dormir accroché aux branches ! Il se nourrit surtout la nuit.

Il ne mange que des bourgeons et des feuilles d'**eucalyptus** qu'il choisit avec soin. Il en mange tellement qu'il sent les bonbons à l'eucalyptus !

C'est un bon grimpeur. Ses pattes ont des coussinets antidérapants et de longues griffes qui s'enfoncent dans l'écorce.

Question d'enfant

Est-ce que la fourrure du koala est douce ?

Oui, il fait même penser à une peluche. Autrefois, on l'a beaucoup chassé pour sa fourrure très épaisse, douce et imperméable. Aujourd'hui, il est protégé mais la destruction des forêts d'eucalyptus et les nombreuses sécheresses le menacent.

Le bébé koala

1

Quand il naît, le bébé koala est minuscule. Il se glisse vite dans la poche que sa mère a sur le ventre. Là, pendant 6 mois, il tète, dort et grandit.

2

À 6 mois, le bébé koala est beaucoup plus grand : il est maintenant couvert de fourrure. Il commence à sortir de la poche de sa mère.

3

À 8 mois, le petit koala est trop grand pour la poche. Il doit la quitter et s'accroche sur le dos de sa mère qui le porte tout le temps.

4

Peu à peu, il devient assez musclé pour chercher tout seul des feuilles d'eucalyptus. Vers l'âge d'un an, il se débrouille sans sa mère.

Son drôle de gros nez tout plat s'appelle un **rhinarium.** Les savants pensent qu'il lui permet de régler la température de son corps.

Le koala ne boit jamais. Les aborigènes l'ont appelé « sans eau ». Les feuilles d'eucalyptus contiennent de l'eau et cela lui suffit.

Des chiffres

Taille : **60 à 80 centimètres**
Poids : **7 à 12 kilos**
Poids à la naissance : **5 grammes**
Poids à 6 mois : **500 grammes**
Durée de vie : **20 ans**

Dans la barrière de corail

Au milieu des coraux, de nombreux poissons étonnants se nourrissent et se cachent. Quel spectacle !

La **tortue de mer** se nourrit d'éponges et de coraux mous. Elle est menacée par l'homme.

Le **poisson-perroquet** mange des algues qu'il gratte avec son bec très solide.

Les **poissons-rasoirs** vivent en groupes, la tête en bas. Ils se nourrissent de petits crustacés.

La **murène** a un corps long et étroit. Elle sort de son trou à la recherche d'une proie.

La **limace de mer** a des couleurs très vives. C'est pour prévenir les poissons qui la chassent qu'elle est empoisonnée.

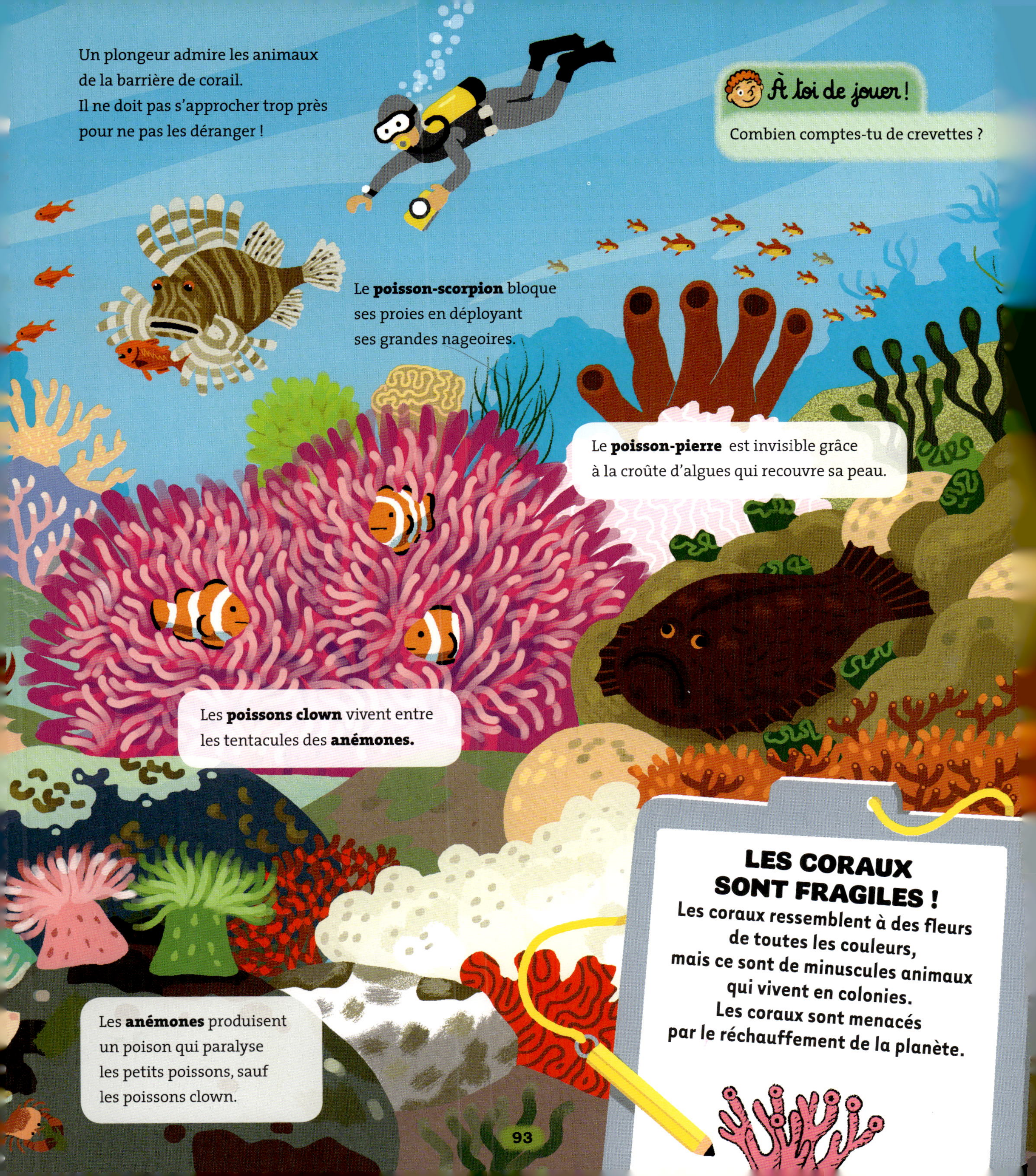

Un plongeur admire les animaux de la barrière de corail. Il ne doit pas s'approcher trop près pour ne pas les déranger !

À toi de jouer !

Combien comptes-tu de crevettes ?

Le **poisson-scorpion** bloque ses proies en déployant ses grandes nageoires.

Le **poisson-pierre** est invisible grâce à la croûte d'algues qui recouvre sa peau.

Les **poissons clown** vivent entre les tentacules des **anémones.**

Les **anémones** produisent un poison qui paralyse les petits poissons, sauf les poissons clown.

LES CORAUX SONT FRAGILES !

Les coraux ressemblent à des fleurs de toutes les couleurs, mais ce sont de minuscules animaux qui vivent en colonies. Les coraux sont menacés par le réchauffement de la planète.

Sur une île d'Océanie

Simbari vit sur une petite île au milieu de l'océan Pacifique. Comme c'est beau : l'océan est bleu turquoise et les plages bordées de grands cocotiers !

Avec mes parents, mon frère et ma sœur, nous habitons une maison toute simple construite en bois et en paille.

J'aime l'école ! Hier, on a étudié des totems en bois sculpté. La maîtresse nous a d'abord demandé de les toucher en fermant les yeux.

Mon plat préféré

C'est le poulet à la mangue ! Ma mère le fait cuire dans de grandes feuilles. Au bout de 5 heures, c'est prêt et on l'arrose de lait de coco, miam !